Gärten in der Stadt

Gärten in der Stadt

Grüne Idylle zwischen Mauern

Susan Berry
unter Mitarbeit von
Anthony Paul

CALLWEY

Übersetzung aus dem Englischen
von Bärbel Baeseler, Börm

Die Originalausgabe erschien 1996 unter dem Titel
„The City Garden – Designing & Creating Outdoor Living Space"
im Verlag Salamander Books Ltd., London

Die Deutsche Bibliothek – CIP-Einheitsaufnahme
Gärten in der Stadt: grüne Idylle zwischen Mauern / Susan Berry.
[Übers. aus dem Engl. von Bärbel Baeseler. Hrsg.: Anne McDowall.
Ill.: Sally Launder]. – München: Callwey, 1997
Einheitssacht.: The city garden <dt.>
ISBN 3-7667-1278-0

Herausgeber: Anne McDowall
Fachliche Beratung: Anthony Paul
Design: Bill Mason
Illustrationen: Sally Launder
Fotos: The Garden Picture Library, London
Umschlaggestaltung: Bernd Wegener, Berlin, unter Verwendung von
Abbildungen der Seiten 2 und 66 links
Lithos: Pixel Tech Prepress, Singapur
Satz: Baeseler & Heck, Börm
Druck und Bindung: G. Canale & C. Spa., Turin
Printed in Italy 1997
ISBN 3-7667-1278-0

Inhalt

Vorwort

Man kann es Gartenliebhabern nachfühlen, wenn sie Probleme bei der Auswahl von Gartenbüchern haben. Es gibt ein riesiges Angebot zu sehr vielen Themen, aber fast nichts über den Stadtgarten. Bis jetzt jedenfalls. *Gärten in der Stadt* zeigt nicht nur, daß Gärtnern in der Stadt viel Vergnügen bereiten kann, sondern auch, wie sich aus jeder noch so kleinen Fläche in der Stadt ein Garten machen läßt.

Wo liegen eigentlich die Unterschiede zwischen einem Garten in der Stadt und einem Garten auf dem Land? Kann man nicht einfach Pflanzen vom Land in einen Stadtgarten setzen? Tatsächlich erfordern Stadtgärten aufgrund ihrer eingeschränkten Größe und der meist reduzierten Sonneneinstrahlung wesentlich mehr Überlegung und Planung als Gärten auf dem Land. Das heißt aber nicht, daß Gärtnern in der Stadt kompliziert ist – man muß allerdings einige grundlegende Faktoren berücksichtigen, um vorhandene oder entstehende Schwierigkeiten in den Griff zu bekommen.

Sehr oft werden Stadtgärten vernachlässigt – meist durch unzureichendes Wissen und fehlende Ideen; das gilt besonders für sogenannte „Problemlagen". Dieses Buch gibt eine Vielzahl von Anregungen für derartige Gärten, beispielsweise, wie man einen dunklen, feuchten Platz in eine warm wirkende Oase mit üppigen Topfpflanzen und sanften Pastelltönen verwandeln kann. Es werden Vorschläge für Balkone, Dachgärten und extrem schmale Gartenstreifen gemacht, die alle durchaus zu Schmuckstücken werden können und zusätzlichen Wohnraum im Grünen bieten – einen Platz, an dem man gern verweilt und sich entspannt.

Während meiner 25jährigen Praxis als Gartendesigner hat es mir besonders viel Freude bereitet, Gärten mit schwierigen Bedingungen für Pflanzen – schlechter Boden, zuwenig oder zuviel Sonne – anzulegen. Diese Probleme sind oft in Stadtgärten anzutreffen. Viele, die noch nie einen Garten hatten, betrachten Pflanzen als sehr anspruchsvolle Geschöpfe, die dazu neigen, vorzeitig zu sterben – eigentlich kommen aber gerade die Pflanzen in der Stadt mit geringer Pflege aus. Das Geheimnis liegt vor allem in der richtigen Wahl. Ein Experimentieren mit verschiedenen Pflanzen kann sehr aufregend und lohnenswert sein, und Gartenarbeit an sich ist ideal zum Entspannen und Abschalten.

Viele Stadtgärten verfügen über besondere Klimabedingungen, selbst in ziemlich rauhen Gegenden hat man kaum mit extremem Frost zu rechnen; solche Gärten sind besonders für subtropische Gewächse, wie etwa Bananenpflanzen, geeignet. Scheuen Sie sich nicht vor sehr formbetonten Pflanzen – sie setzen auf kleinem Raum starke, lebendige Akzente. Viele dieser Pflanzen gedeihen auch in Kübeln und überstehen so selbst einen Umzug ohne Probleme.

Ein Stadtgarten ist die richtige Umgebung für Dekoration und Farbe; diese Aspekte sollten besonders berücksichtigt werden. Gartenmöbel, Pflanzgefäße und Spaliere können in schönen Farbtönen gestrichen werden. Hinzu kommen alle möglichen, ungewöhnlichen Effekte zum Experimentieren: von Wandmalerei, die einen Garten optisch verlängert, bis zu „trompe l'oeil"-Bögen oder vielleicht einem Spiegel, in dem eine Wasserfläche reflektiert wird. Die Möglichkeiten sind endlos. Probieren Sie ruhig etwas ganz Neues aus – Gartenliebhaber, die neue Ideen umsetzen, sind ebenso selten wie Leute, die im Haus wirklich Experimente wagen. Denken Sie aber daran, daß die einfachen Ideen meist die besten sind.

▷ Auf dieser Dachterrasse, die durch Trennwände vor Einblicken und Wind schützt, stehen viele Kübelpflanzen und sogar einige Bäume. Das Wasserbassin links vor der Mauer bildet einen Anziehungspunkt. Die großen Terracotta-Töpfe sind praktisch und dekorativ zugleich.

Einführung

▽ Natursteinplatten passen sich durch die Pflanzen in den Fugen der Umgebung an und bilden einen attraktiven Untergrund für den kleinen Hof, während die großblättrigen Blattpflanzen und der Brunnen als Blickfang dienen.

Ein Stadtgarten ist für viele Pflanzen nicht unbedingt der ideale Standort, aber die Herausforderung ist Teil des Vergnügens, und Bemühungen werden vielfach belohnt. Bedingt durch die Umgebung – Steine, Klinker und Beton – wirkt ein schön angelegter Garten wie ein Juwel, vorausgesetzt, er wird ideenreich geplant und liebevoll gepflegt.

Egal, wie klein ein Garten ist, man kann immer schöne Pflanzen finden, die in einer sonst eher sterilen Umgebung viel Freude bereiten. Selbst ein Balkonkasten läßt sich mit ausgesuchten Pflanzen verschönern, und sowohl dunkle und feuchte Gärten als auch Dachflächen, die auf hohen Häusern dem Wind ausgesetzt sind, lassen sich in erstaunlich attraktive, kleine Grünanlagen verwandeln.

Bei der Planung eines kleinen Gartens müssen Sie Ihre eigenen Bedürfnisse berücksichtigen und abschätzen, wieviel Arbeit Sie investieren können. Wenn Sie oft für längere Zeit nicht zuhause sind, ist es sinnlos, einen Garten anzulegen, der viel Aufmerksamkeit erfordert. In einem solchen Fall ist es angebracht, einen Garten mit minimalen Anforderungen zu planen, mit leicht zu pflegenden Sträuchern und Bodendeckern sowie einer optimalen Pflasterung.

Lassen Sie sich nicht durch schwierige Bedingungen abschrecken – wie hohe Mauern, wenig Platz oder schlechte Bodenqualität. Es gibt Pflanzen, die fast jede Wand verdecken können, entweder aus eigener Kraft oder mit Hilfe einfacher Klettergerüste. Eine Alternative dazu sind schöne Träger für Blumentöpfe, die man an der Wand befestigt. Attraktive Pflanzgefäße, klein oder groß, aus natürlichen Materialien – Stein, Terracotta oder Metall – sollten dann verwendet werden, wenn der Garten nur aus einer Betonplatte besteht oder die Erde sehr schlecht ist. Pflanzen können häßliche Ausblicke verdecken, vor Einblicken abschirmen und gleichzeitig Sie selbst und empfindliche Pflanzen vor Wettereinflüssen schützen.

Bei der Wahl eines Bepflanzungsstils gibt es unzählbare Möglichkeiten; von der klaren Gestaltung eines japanischen Gartens, in dem natürliche Materialien und

▷ **In diesem Hof sind die Formen sehr ausgewogen: Unterschiedlich große Steinplatten, die von Kieselsteinen eingefaßt sind, bilden eine angenehme Oberfläche, und die Bepflanzung, auf die Mauer und einige große Kübel beschränkt, bildet einen weichen, grünen Rahmen.**

Sträucher in sorgfältig aufeinander abgestimmten Formen vorherrschen, bis hin zu einer Wildnis aus üppig wuchernden Pflanzen, die miteinander um Licht und Platz konkurrieren. Die Größe eines Gartens ist für den Erfolg unerheblich, wichtig jedoch ist, den verfügbaren Platz optimal zu nutzen. Machen Sie das Beste daraus, indem Sie senkrechte Flächen mit Grün bedecken, und wählen Sie die Pflanzen so aus, daß der Garten zu jeder Jahreszeit attraktiv und interessant wirkt. Gerade in der Stadt bietet ein Garten die Möglichkeit, den Wechsel der Jahreszeiten zu beobachten und so eine Verbindung zur Natur zu bewahren.

Versuchen Sie, soviel Natur wie möglich in Ihren Garten zu lassen, indem Sie auch an Vögel und Insekten denken – Sie werden überrascht sein, wie viele Arten selbst von einem winzigen Garten angezogen werden. Ein kleiner Teich oder Brunnen bietet einen zusätzlichen Bonus, nicht nur in bezug auf die Pflanzen, die dieses Klima mögen, sondern auch für Insekten und Vögel und sogar exotisch aussehende Libellen.

Farbe ist ein wichtiger Pluspunkt in der überwiegend grauen Umgebung einer Stadt. Stein, Ziegel und Beton bilden einen idealen Hintergrund für eine große Vielfalt an blühenden Pflanzen. Auf dem Lande muß die Gestaltung des Gartens auf die natürliche Umgebung abgestimmt werden; Pastelltöne sind da meist am besten geeignet. In einem Stadtgarten können Sie auch kräftigere Farben wählen und damit eine exotische Wirkung vor dem kühlen Grau von Stein und Beton erzielen. Wenn genügend Steinmauern und Sonnenlicht vorhanden sind, können Sie viele sonnenliebende Blumen und Kräuter pflanzen, mit herrlichem Duft und interessanten, silbrigen Blättern – Lavendel, Rosmarin, Salbei, Artemisia und Senecio sind geeignete Kandidaten für ein aromatisches, silbriges Pflanzenschema.

Jeder, der sich einmal die Hinterhöfe in europäischen Ländern angesehen hat, kennt das Gefühl, wie magisch von einer einzelnen, leuchtend roten Geranie auf einem Fensterbrett angezogen zu werden. Selbst die kleinste Fläche läßt sich für

◁ Auch ein kleiner Stadtgarten kann eine Rasenfläche haben, vorausgesetzt, das Licht reicht aus. Dieser von Mauern begrenzte Garten lebt vom Kontrast: Den Blickfang bildet das strenge, rechteckige Lavendelbeet mit der Buchsbaumbegrenzung; die Rabatte mit Sträuchern und Stauden wirkt eher locker.

▽ Ein Dachgarten, der kaum mit anderen Elementen konkurrieren muß, erlaubt Ihnen, Ihre Phantasie voll auszuschöpfen. Hier wurde ein fernöstliches Thema verwirklicht, mit Kieselsteinen, Holzplanken, niedrigen Möbeln, klassischem Bambus und klaren Linien.

Pflanzen nutzen. Wenn Sie nur über sehr wenig Platz verfügen, sollten Sie ganz besonders schöne Pflanzen wählen – wie etwa Geranien (die korrekte Bezeichnung lautet eigentlich Pelargonien), deren farbenfrohe, leuchtende Blüten über einen langen Zeitraum erhalten bleiben und wenig Pflege benötigen – damit sind Sie auf dem richtigen Weg zu einem schönen Garten.

Auch wenn der Platz anfangs noch so unfreundlich und ungeeignet wirkt, es finden sich immer Pflanzen, die auch mit extrem ungünstigen Bedingungen zurechtkommen – die Auswahl ist dann allerdings stärker eingeschränkt. Ein kleiner, schattiger Hof beispielsweise ist nicht für viele Pflanzen geeignet. Es gibt aber Gewächse, die sich auch hier gut entwickeln können, besonders solche, die sich im Wald an das Leben im Schatten großer Bäume angepaßt haben. (Eine Liste mit schattenverträglichen Pflanzen finden Sie auf den Seiten 88 und 89.)

Ein Stadtgarten ist nicht nur zum Beobachten und Genießen der Natur gedacht, sondern bietet zusätzlichen Wohnraum, unabhängig davon, ob es sich um einen kleinen Balkon oder eine Veranda, einen Dachgarten oder einen Hinterhof handelt. Versuchen Sie, den Platz in einen attraktiven, natürlichen Wohnraum zu verwandeln. Wählen Sie Gartenmöbel so aus, daß sie zum Gesamtdesign passen, und, falls gewünscht, Sonnenschirme und bunte Kissen, die Wärme und Behaglichkeit ausstrahlen. Durch raffinierte Beleuchtung lassen sich abends ganz andere Effekte als tagsüber erzielen.

Sitzen Sie dann in Ihrem kleinen Garten und genießen einen Sommerabend, wenn die Sonne allmählich untergeht, kann das eine wunderbare Erholung vom alltäglichen Streß sein. Und wenn Sie etwas Zeit in die Planung und Pflege Ihres Stadtgartens investieren, werden Sie über und über belohnt, jedesmal, wenn Sie den Duft einatmen, die schönen Farbspiele und die vielfältige Pflanzen- und Tierwelt beobachten können.

Form und Funktion

In einem Garten sind Vertikale und Horizontale die Elemente, welche die räumliche Struktur der Gesamtanlage bestimmen – gemeint sind Mauern, Zäune, Sträucher und Bäume, die den Garten begrenzen, sowie die gepflasterten Flächen aus Klinker, Natursteinen, Kies oder Holz, die den Gartenboden formen. In diesem Kapitel werden die zur Auswahl stehenden Elemente vorgestellt, und es wird gezeigt, wie sich diese optimal einsetzen und kombinieren lassen. Die Zusammenstellung und die Art, wie die einzelnen Gestaltungsmittel miteinander harmonieren, machen ein erfolgreiches Gartendesign aus. Beschränken Sie sich auf wenige Farben, sowohl für Pflanzen als auch für Dekorationselemente, um den verfügbaren Platz so gut wie möglich zur Wirkung zu bringen.

◁ In diesem kleinen Dachgarten wurden die architektonischen Gegebenheiten optimal ausgenutzt – durch den Belag, die hellblauen Spaliere und die Gefäße mit interessanten Buchsbaumformen.

▷ Gelungene Kombination von klassischen und informellen Elementen. Die Pflastersteine und Buchsbaumspiralen werden durch Efeu, Rosen und Pelargonien aufgelockert.

Die Struktur des Gartens

▽ Die Pergola betont das vertikale Element des Gartens und dient als Stütze für Kletterpflanzen, die zu ganz unterschiedlichen Zeiten blühen und damit das ganze Jahr über für Farbe und vielleicht sogar herrlichen Duft sorgen.

Bei der Planung und Gestaltung eines Gartens ist es wichtig, eine Vorstellung von der gewünschten Raumwirkung zu haben. Allzuoft wird nur an die Pflanzen gedacht, ohne zu berücksichtigen, daß der Garten an sich schon eine lebende Skulptur und kein flaches Bild ist – mit anderen Worten, ein Garten hat eine dritte Dimension, die nicht übersehen werden darf.

Am besten denkt und plant man beim Anlegen eines Gartens sowohl horizontal als auch vertikal. Es sind die hohen Elemente – größere Sträucher und Bäume, Mauern und Zäune – mit denen die Struktur definiert wird. Wenn diese Grundelemente stimmen, können Sie überlegen, wie die übrige Fläche ausgefüllt werden soll. Ein Garten ohne vertikale Betonung wirkt erstaunlich langweilig und monoton, mag die Bepflanzung an sich noch so interessant sein.

Große Gärten werden deshalb oft auf irgendeine Weise unterteilt, in sehr kleinen Gärten ist das Ziel meist das Gegenteil – man versucht, einen sehr einheitlichen Eindruck zu vermitteln, indem man ein bestimmtes Thema verwirklicht. Das kann durch Formen oder Farbe geschehen. Es sollten jedoch nicht zu viele unterschiedliche Designelemente kombiniert werden, andernfalls wirkt der Garten ungeordnet und viel kleiner, als er tatsächlich ist.

▷ Eine einfache, aber effektive Lösung für einen langen Garten. Die hohen Koniferen am Ende dienen als Blickfang und helfen, die schmale Fläche einzugrenzen und optisch zu verkürzen. Die roten Klinker des Bodenbelages bilden einen schönen Kontrast zur strengen Bepflanzung aus in Form geschnittenen Immergrünen.

In einem Stadtgarten ist die Abgeschlossenheit immens wichtig. Sie werden schnell herausfinden, wie schön es ist, von Einblicken abgeschirmt, den Garten genießen zu können. Zu niedrige Zäune und Mauern kann man durch Spaliere erhöhen, an denen Kletterpflanzen den Sichtschutz noch verstärken oder durch einige hohe, schlanke Bäume, um einen unattraktiven Ausblick zu verschleiern. Selbst in einem kleinen Stadtgarten, mit einer Größe von etwa 15 x 5 Metern, ist Platz für drei oder vier kleine Bäume, und es ist durchaus lohnend, mindestens zwei Bäume zu pflanzen, falls der Garten bisher keine aufweist. Sie erhalten nicht nur etwas Abgeschiedenheit, sondern auch Schatten, in dem besondere Pflanzenarten gedeihen können. Nicht alle Pflanzen brauchen die gleichen Wachstumsbedingungen, und je mehr unterschiedliche Bedingungen Sie bieten, desto größere Variationsmöglichkeiten haben Sie.

Mit niedrigen Hecken läßt sich ein Garten unterteilen, ohne die Fläche zu stark zu unterbrechen. Buchsbaum ist ideal, um kleine, formale Beete in einem Garten einzufassen, besonders dann, wenn er mit Pflanzen kombiniert wird, die seine etwas strenge Form auflockern.

Der Boden eines Gartens ist ebenfalls sehr wichtig; was immer Sie auch als Belag wählen – Stein, Beton oder Rasen – er muß Ihren Ansprüchen gerecht werden. Es ist recht schwierig, eine flache, monotone Fläche interessant zu gestalten. Falls also ein früherer Besitzer den Garten zubetoniert hat, sollten Sie überlegen, ob nicht vielleicht ein anderer Belag darauf verlegt werden könnte (z. B. Holz) oder ob der Bereich aufgegliedert und ein Teil des Betons entfernt werden kann.

△ Dieser kleine, quadratische Gartenhof wirkt größer und geschützter durch die Aufteilung. Kletterpflanzen bedecken die Pergolen und Bögen, die Beete sind mit Buchsbaum eingefaßt. Die Mitte wird durch ein rundes Wasserbecken betont.

Beläge

▽ Die grauen Steinplatten sind hier ein wichtiges Gestaltungselement. Die Buchsbaumkegel betonen die Vertikale, und die weißen Möbel und das weiße Tor hellen das Gesamtbild auf.

▷ In diesem schmalen Hof wurden rotbraune Fliesen verlegt, die den Steinen über dem Torbogen ähneln. Durch den Farbton der Fliesen wirkt dieser eigentlich dunkle Hof heller und wärmer.

Vielleicht hat Ihr Garten schon einen Belag – sehr oft findet man leider recht unattraktive Beton- oder Teerflächen vor. Oder Sie möchten einen kleinen Sitzplatz anlegen, von dem aus Sie den Garten in Ruhe genießen können. Bei der Wahl des Belages sollten Sie sehr überlegt vorgehen.

Naturstein

Zu den schönsten Materialien gehören Natursteine. Oberfläche und Farbe wirken sehr weich und passen zu fast allen Stilrichtungen, vom klassisch-strengen Design bis hin zum Bauerngarten. Diese Schönheit hat allerdings ihren Preis – Natursteinpflaster ist die teuerste Lösung. Falls Sie sich trotzdem für Steinplatten entscheiden sollten, werden Sie den Garten auf jeden Fall erheblich aufwerten.

Wie bei jedem Belag müssen auch Natursteine korrekt verlegt werden, um auf Dauer eine ebene Oberfläche zu bilden. Normalerweise wird der Boden ausgekoffert, planiert und verdichtet. Eine Tragschicht aus Kies, Schlacke oder Schotter ist erforderlich, auf die eine Ausgleichsschicht Sand verteilt wird. Die Steinplatten werden dann in diesen Sand verlegt, mit dem anschließend auch die Fugen ausgefüllt werden. Da die Platten sehr schwer sind, ist es vielleicht angebracht, diese Arbeiten von einer Spezialfirma ausführen zu lassen.

Betonstein

Zu den kostengünstigeren Belägen gehören Betonsteine, die zum Teil fast wie echte Steine aussehen können. Es gibt gute Imitationen in einem warmen Ton, der sehr an die Farbe von Sandstein erinnert; außerdem haben diese Steine eine etwas rauhere Oberfläche.

Sie können entscheiden, ob die Platten eng zusammen verlegt werden oder ob recht breite Fugen verbleiben sollen, in die sich dann kleine Stauden wie Thymian pflanzen lassen. Diese überstehen es sogar, wenn auf sie getreten wird und geben außerdem einen wunderbaren Duft ab. Kleine Fugenpflanzen wie *Acaena buchananii*, *Viola riviniana* 'Purpurea' oder die größere *Alchemilla mollis*, säen sich problemlos in den Fugen aus und vermitteln schnell den Eindruck, als hätten die Steine dort schon immer gelegen. Das besonders attraktive, sich selbst aus-

säende Berufkraut, *Erigeron karvinskianus*, bildet Wolken kleiner rosa bis weißer Blüten, die sich über Mauern und Stufen ausbreiten.

Man kann die Platten auch in einem Schachbrettmuster verlegen und die Zwischenräume mit Kies oder Gras ausfüllen. Oder man läßt in der Pflasterfläche ein paar Lücken, in die dann ein breitwüchsiger Strauch oder eine schöne Staude gepflanzt werden – die große *Euphorbia characias wulfenii* oder sogar der breitwachsende *Senecio greyii* sind eine sehr gute Wahl.

Sie können Betonsteine auch mit anderen Materialien kombinieren, um die Fläche abwechslungsreicher zu gestalten. Es werden zum Beispiel Klinker als Begrenzung verwendet. Lücken, die dort entstehen, wo das Areal eine unregelmäßige Form hat, können mit großen Kieselsteinen bedeckt werden. Vieles hängt von der Größe und Form der zu pflasternden Fläche ab. Bei einem sehr kleinen Garten sollte das Muster nicht zu unruhig sein. Ein gleichmäßigeres Design läßt die Fläche größer erscheinen.

Trotzdem ist es oft angebracht, verschiedene Materialien zu verwenden, um einzelne Bereiche auch optisch zu trennen – so kann man einen langen Weg mit Klinkern belegen und den Sitzplatz durch schöne Natursteine hervorheben.

Klinker

Von allen Materialien für Beläge sind Klinker wohl die geeignetsten. Sie haben eine lange Lebensdauer (sind allerdings nicht so haltbar wie Steinplatten) und überzeugen durch wunderbar warme Farbtöne, besonders mit zunehmendem Alter. Sie harmonieren mit den meisten architektonischen Stilrichtungen und fast allen Bepflanzungsmustern. Terracotta-Töpfe sind ideale Begleiter für Klinkerpflasterung – die natürlichen, weichen Erdtöne ergänzen deren Rosttöne. Betonen Sie beispielsweise Anfang und Ende eines Weges durch große Terracotta-Töpfe mit Hydrangea oder in Form geschnittenen Buchsbaum.

Oft werden auch Granitquader verwendet. Durch ihre blaugraue Farbe können sie eine kühle, strenge Wirkung erzeugen, wenn der Garten nicht entsprechend geplant ist. Ein ergänzendes Farbschema in Pastelltönen – Weiß, Rosa und Blau – läßt eine solche Oberfläche leichter und heller erscheinen. Granit harmoniert besonders gut mit moderner Architektur, dort also, wo Klinker zu „ländlich" wirken würden. Es ist ganz wichtig, daß die gepflasterte Fläche im Garten zum Stil des Hauses und den dort verwendeten Materialien paßt. Dadurch erhält man eine einheitliche Wirkung und der Eindruck entsteht, als sei der Garten eine natürliche Erweiterung des Hauses.

Das Verlegen von Klinkern ist wesentlich aufwendiger als die Pflasterung mit Naturstein; Sie haben jedoch mehr Möglichkeiten in bezug auf Formen und Muster. Es lassen sich Kreise, Halbmonde oder rechteckige Muster verlegen. Sie können beispielsweise den Bereich für den Sitzplatz in einem großen Kreis verlegen, wobei die Steine wie die Radspeichen nach außen zeigen. Das sieht besonders schön aus, wenn daran ein Pflanzbeet mit großen Büschen Lavendel, Rosmarin, Viburnum und Hydrangea anschließt, und die Pflanzen teilweise den Kreis bedecken, so daß die Übergänge zum Klinkerbelag weicher wirken.

◁ Eine Pflasterung mit Klinker paßt in diesem Hof zu den für die Hausmauern verwendeten Steinen, die weiß gestrichen wurden, um soviel Licht wie möglich zu reflektieren. Durch die Pflanzengruppen wird die Gesamtwirkung noch betont.

▽ Im Halbkreis verlegte Klinker und Granitsteine verwandeln diesen Sitzplatz in ein kleines Kunstwerk. Die Streben des Sonnenschirms nehmen das Muster wieder auf.

Verlegen von Klinkern

Das Verlegen muß auch bei Klinkern sorgfältig vorbereitet und ausgeführt werden. Zuerst müssen Sie dafür sorgen, daß die Fläche vollständig eben ist. Anschließend wird der Untergrund vorbereitet. Auf den gut verdichteteten Boden wird eine etwa 10 cm dicke Schicht aus Schotter und dann etwa 5 cm Sand aufgefüllt, in dem die Steine verlegt werden. Die Klinker sollten fast aneinander stoßen. Danach wird Sand in die Fugen eingekehrt. Für die Ränder kann man hochkant stehende Steine benutzen, die etwas tiefer als die Fläche verlegt werden. Sie können die Klinker für die Begrenzung auch in einem Winkel von 45° einsetzen, um die Ränder interessanter zu gestalten.

Kombination mit anderen Materialien

Klinker sind auch ideal zum Einfassen von Flächen, die mit anderen Materialien wie Steinplatten oder Granitplatten belegt sind. Man kann die gesamte Fläche oder aber kleinere Abschnitte von Steinplatten mit Klinkern einfassen, um interessante Muster zu erzeugen.

Ein kreisförmiges Design kann besonders für kleine Sitzplätze wirkungsvoll sein. Eine kostengünstigere Variante des rechts gezeigten Belages aus Klinkern und Granitsteinen wäre ein Kreis aus Kieseln, der durch eine doppelte Reihe Klinker eingefaßt wird.

Holz

▽ Holz kombiniert mit Kiesel ergibt einen interessanten Weg. Die kriechenden Pflanzen am Rand mildern die strenge Form ab.

Noch relativ neu als Belag im Garten – verglichen mit Steinen – ist Holz. In Ländern, in denen es große Waldvorkommen gibt, wurde immer auch Holz als Bodenbelag im Garten verwendet. Inzwischen kommt dieses Material auch in Stadtgärten vermehrt zum Einsatz. Holzbohlen lassen sich relativ einfach verlegen, sind dauerhaft und leicht zu pflegen, vorausgesetzt, Sie kaufen gutes Hartholz. Wird Weichholz wie Fichte verwendet, müssen Sie regelmäßig ein Holzschutzmittel auftragen.

Holzlatten ergeben einen wunderschönen, weich wirkenden Belag, der so belassen oder in einer der heute angebotenen Farben lasiert werden kann – Schieferblau, Silbergrau oder Flaschengrün. All diese Lasuren passen sich gut in die Umgebung ein. Kräftigere Farben hingegen wirken unter Umständen zu grell und dominant.

Holzdecks sind besonders für unebene Flächen geeignet; Kosten für das sonst teure Einebnen fallen nicht an. Man muß nur die Unterkonstruktion entsprechend anpassen, um Änderungen im Gefälle zu berücksichtigen.

Man kann unterschiedliches Gefälle sogar ausnutzen, um verschiedene Ebenen und Treppen anzulegen, die einen Garten interessanter machen. Falls Sie einen Teich oder Brunnen im Garten haben möchten, ist ein Holzdeck ebenfalls gut

▷ Dieser kleine Dachgarten wurde mit diagonal verlaufenden, blaugrauen Holzplanken belegt. Holzdecks eignen sich gut für Dachgärten; man muß nur sicherstellen, daß die unter dem Holz liegende wasserdichte Folie beim Verlegen nicht beschädigt wird.

geeignet, da das Wasserbecken direkt eingelassen werden kann. Ein Teich läßt sich sogar soweit integrieren, daß er teilweise unterhalb der Belattung verläuft und damit besonders interessant wirkt.

Da Holzdecks relativ leicht sind, bilden sie einen idealen Belag für eine Dachterrasse. Zu beachten ist jedoch, daß die unter dem Holz verlegte Dichtungsfolie beim Aufbau nicht beschädigt werden darf. Sie können die Holzbohlen für einen Dachgarten aber auf ein paar Zentimeter hohen Traghölzern verlegen, um so eine Beschädigung der Folie zu vermeiden. Wenn Sie eine Dachterrasse planen, sollten Sie auf jeden Fall die Statik prüfen lassen, um sicher zu gehen, daß die Belastung für das Haus nicht zu groß ist und eine eventuell vorhandene Drainage für den geplanten Umbau auch tatsächlich ausreicht.

Bahnschwellen

Eine andere Möglichkeit, Holz im Garten zu verwenden, bieten Bahnschwellen. Sie sehen gut zusammen mit anderen Materialien wie Steinplatten oder Kies aus. Diagonal verlegte Schwellen sorgen für interessante Abwechslung. Das Holz kann aber mit der Zeit und besonders bei Feuchtigkeit rutschig werden und sollte deshalb ab und zu mit einem Pilzvernichtungsmittel behandelt werden. Schwellen eignen sich auch als Einfassung von rechteckigen Hochbeeten, was wiederum in Kombination mit einem Belag aus Holz und Steinplatten attraktiv wirkt.

Ein etwas höhergelegtes Deck aus Bahnschwellen kann auch als Sitzplatz angelegt werden, beispielsweise am Ende eines gepflasterten Hofes. Zu einer solchen Fläche passen gut rustikale Gartenmöbel aus Holz.

△ Um eine größere Fläche nicht monoton wirken zu lassen, wurden die Holzlatten für jede Ebene unterschiedlich zugeschnitten und angeordnet. Große, auffällige Blattpflanzen unterstreichen den fernöstlichen Eindruck.

Wege und Treppen

▽ Treppen können mehr als nur eine Notwendigkeit sein – breite Stufen wie diese bieten Platz für Pflanzen und interessante Gefäße. Hier unterstreicht eine Abfolge von Töpfen mit Geranien die interessante Anordnung der Stufen.

△ Stufen passen sich gut ein, wenn Bodendecker, die trockenen, steinigen Untergrund bevorzugen, in den Fugen wachsen. Frauenmantel (*Alchemilla mollis*) und Bubiköpfchen (*Soleirolia soleirolii*) eignen sich dafür besonders.

Sehr oft werden Wege und Treppen in kleinen Gärten vernachlässigt, was sehr schade ist, da beide viele Möglichkeiten zum Experimentieren mit neuen Ideen bieten. Wenn Sie in der glücklichen Lage sind, über einen Treppenzugang in Ihrem Garten zu verfügen, dann sollten Sie versuchen, diesen optimal auszunutzen. Falls genügend Platz vorhanden ist, können Sie auf jede Stufe ein Gefäß stellen, alle einheitlich bepflanzt. Besonders schön wirken Chrysanthemen in kleinen Terracotta-Töpfen oder Blumenzwiebeln im Frühling, Pelargonien im Sommer, oder auch hübsch geschnittene kleine Buchsbaumkugeln oder Pyramiden, die das ganze Jahr über ein Blickfang sind. Man kann die Treppenstufen aber auch als Auflage für eine attraktive Kletterpflanze benutzen – etwa den goldblättrigen Hopfen (*Humulus lupulus* 'Aureus') oder ein hübsches Efeu mit bunten Blättern; selbst eine kleinblütige Clematis, eine der Viticella-Sorten, ist hier gut aufgehoben.

Treppen mit breiten Stufen können zu beiden Seiten mit kissenbildenden Pflanzen aufgelockert werden, etwa mit Cotoneaster oder Margeriten. Als Alternative ließen sich einige der sich selbst aussäen-

◁ Recht einfach läßt sich ein Garten in einen kleinen, tropischen Urwald verwandeln. Man wählt dazu großblättrige Pflanzen und gestaltet die Wege entsprechend – hier wurde Kies mit Steinplatten, einem Holzdeck und einer Brücke kombiniert. Hosta, Ligularia und Bambus unterstreichen den Effekt.

▽ Kleine Änderungen in der Höhe lassen sich gut nutzen, um flache Stufen zu integrieren. Durch die Kombination aus Steinplatten und Klinker wird der Weg interessanter und betont dadurch die schöne Staudenbepflanzung.

den Stauden, wie niedrige Glockenblumen (*Campanula portenschlagiana*), auf den Stufen ansiedeln. Diese Sorte ist dafür bekannt, daß sie auch die kleinsten Lükken zwischen Steinen findet, um sich dort zu vermehren. Für schattige Bereiche eignen sich niedrige Farne, die sich ebenfalls selbst aussäen und sehr schön aussehen, wenn sie in einem schmalen Streifen entlang von Ziegel- oder Steinplattenstufen wachsen.

Wege lassen sich aus vielen Materialien anlegen, einschließlich der oft verwendeten Steine und Holzbohlen. Aber auch eine Kombination aus Kies und Holz ist attraktiv, besonders für einen japanisch anmutenden Garten. Einen Kiesweg kann man mit Holzplanken als Trittflächen abwandeln oder Bahnschwellen integrieren, ähnlich wie bei einem Gleisstrang (siehe Seite 20 und 21).

Planen Sie die Treppe in einem Stadtgarten breit genug, daß Sie problemlos Gartengeräte oder Tabletts in den Garten tragen können. Das gleiche gilt auch für Treppen zur Dachterrasse. Einfache Holzstufen lassen sich leicht aus einigen dikken, imprägnierten Bohlen konstruieren.

Mauern, Zäune und Spaliere

◁ Eine hohe Mauer ist ideal für die üppige *Wisteria floribunda*, mit ihren langen Trauben violetter Blüten im späten Frühling.

▷ Um keine Langeweile aufkommen zu lassen, wurde dieser Grenzzaun aus vertikal angeordneten Holzlatten und farbigen Spalierelementen konstruiert. Durch den Anstrich wird nicht nur das Holz geschützt, sondern der Zaun auch interessanter, bis das Flechtwerk von Kletterpflanzen überwachsen sein wird.

Die direkte Umgebung eines Gartens spielt in der Stadt eine wichtige Rolle, denn hier kommt es darauf an, einen abgeschirmten, geschützten Platz zu schaffen. Wenn Sie in der glücklichen Lage sind, einen auf allen Seiten geschlossenen Garten zu haben, ist der Rahmen für die Bepflanzung fast perfekt. Mit einigen Nägeln und Drähten schaffen Sie ausreichende Unterstützung für eine große Anzahl von Kletter- oder Schlingpflanzen, die fast das ganze Jahr hindurch blühen. Clematis, Kletterrosen, Jelängerjelieber, *Solanum crispum* und Jasmin eignen sich genauso gut wie einige Sträucher.

Eine niedrige Mauer läßt sich in der Höhe verändern, indem man sie durch Spaliere aufstockt, über die dann Kletterpflanzen wachsen. Dadurch erhalten Sie mehr Sichtschutz und sind vielleicht auch vor dem Besuch durch Nachbarskatzen sicher.

Wenn die umgebenden Mauern nicht besonders ansehnlich sind, können Sie diese zuerst in einer passenden Farbe streichen – vielleicht dunkelgrün – und dann Pflanzen über und vor den Mauern wachsen lassen.

Zäune

Zäune müssen in einem Stadtgarten aus Sicherheitsgründen und auch als Schutz besonders stabil sein. Zaunelemente sollten gut abgestützt werden – mit fest verankerten, relativ engstehenden Stützen, meist in Abständen von etwa zwei Metern. Die Höhe läßt sich durch unterschiedliche Spaliere regulieren, die anders als die meisten Zaunelemente filigraner und deshalb weniger windanfällig sind – also nicht so leicht umgeworfen werden.

▷ Dieses attraktive Holzspalier in einem sanften Grünton harmoniert vorzüglich mit dem schönen Alibaba-Gefäß und den verschiedenen Grüntönen der Blätter und Gräser.

Sichtschutzelemente

Ein Sichtschutz gleich welcher Art ist für einen Sitzplatz meist unumgänglich, sowohl in einem kleinen Hof als auch auf einem offenen Balkon oder einer windigen Dachterrasse. Dabei sollten Sie beachten, daß ein Spalier, das etwas winddurchlässig ist, weniger Probleme bereitet als eine feste, solide Wand. Bei Flächen, die starken Windeinfällen ausgesetzt sind, ist zu überlegen, ob Sie die Spaliere nicht vielleicht selbst bauen wollen. Dazu benutzen Sie gut imprägnierte Holzlatten, die mindestens 2.5 cm stark sein sollten. Sie können ein beliebiges Muster wählen und das Spalier in einem von vielen schönen Holztönen oder Pastellfarben lasieren oder streichen.

◁ Hier wurde ein kleiner, beheizbarer Pool in die Terrasse eingelassen. Diese Art von Pool ist in vielen Ländern beliebt und kann auch in einen kleinen Stadtgarten integriert werden, vorausgesetzt, der Platz ist von Einblicken abgeschirmt. Ein Holzboden ist ideal, da er auch barfuß sehr angenehm zu betreten ist und sich das Becken leicht in die Umgebung integrieren läßt.

▷ **Schilf- oder Bambusspaliere – auch wenn sie nicht sehr dauerhaft sind – eignen sich gut als vorübergehender Sichtschutz. Sie sind attraktiv und nicht teuer, und passen zu allen Gebäuden und Bepflanzungen.**

Für Dachgärten und Balkone eignen sich auch Bambus- oder Schilfspaliere, die schon immer in japanischen Gartenanlagen verwendet wurden. Ähnliche Wandelemente gibt es auch aus Weide oder Haselnuß. Sie sind zwar nicht so haltbar wie Spaliere, aber eine gute Lösung für einen Stadtgarten. Selbstverständlich muß jede Art von Sicht- oder Windschutz gut an fest verankerten Pfählen angebracht werden.

Bäume und Sträucher

In einem kleinen Stadtgarten ist ein Sichtschutz meist unumgänglich, auch um unschöne Ausblicke zu verdecken. Ein an der richtigen Stelle gepflanzter, schnellwachsender Baum kann den Blick auf einen häßlichen Häuserblock effektiv einschränken. Gut geeignet für solche Situationen sind säulenförmig wachsende Bäume wie *Chamaecyparis lawsoniana*. Die goldblättrige Sorte 'Ellwoodii' ist attraktiver als die grünen Sorten.

Selbst eine zarte Birke, die zwar eine Aussicht nicht vollkommen blockieren kann, schirmt doch etwas ab und ermöglicht gleichzeitig, daß noch genügend Licht in den Garten einfällt, was für einen kleinen Hinterhof, der sonst vielleicht vollkommen im Schatten liegen würde, sehr wichtig sein kann.

Einige Pflanzen bilden einen vorzüglichen Schutz besonders in Küstennähe, wo salzhaltige Winde viel Schaden im Garten anrichten können. Sowohl Elaeagnus als auch Grisellinia eignen sich als immergrüne Beschützer. Beide kommen gut mit Luftverschmutzung und Salzwasser zurecht, und sie lassen sich so schneiden, daß sie schöne, wetterfeste Hecken bilden.

Als Sichtschutzhecken sind auch Pflanzen wie Liguster, Buchsbaum und Eibe geeignet. Ein einzelner, großer Strauch kann einen häßlichen Anblick im Garten verdecken, und mit niedrigen Hecken aus Lavendel, Rosmarin und Buchsbaum lassen sich selbst kleinste Stadtgärten interessant gliedern.

Oft möchte man gerade in einem kleinen Garten den Blick auf einen Schuppen oder einen Komposthaufen versperren. Ein großer Strauch wie *Elaeagnus* x *ebbingei* bildet schnell einen dichten, immergrünen Schutz und erfreut im Herbst durch kleine, duftende Blüten. Auch lassen sich Spaliere mit Kletterern wie *Hydrangea petiolaris* oder Efeu begrünen. Stechpalmen mit bunten Blättern bilden ebenfalls eine dichte grüne Wand, obwohl die meisten Arten langsam wachsen und einige Zeit brauchen, um ihre Aufgabe erfüllen zu können.

DER PASSENDE STIL

Die Wahl eines Gartenstils wird von der Form und Lage des Grundstücks sowie von persönlichen Vorlieben bestimmt. In diesem Kapitel werden die verschiedenen Arten von Stadtgärten vorgestellt – von kleinen Balkonen bis zu größeren „Freilufträumen“, von schmalen, schattigen Gängen bis zu Dachgärten. Sie finden Hinweise zur Planung und Bepflanzung, so daß Sie das Beste aus der Lage, Form und den Lichtverhältnissen machen können. Stadtgärten können sehr unterschiedlich aussehen. Eine kleine Urwaldoase oder ein „wilder“ Garten sind genauso geeignet wie eine gepflasterte Fläche mit wenigen, schönen Kübelpflanzen. Wichtig ist, daß Ihre persönliche Note zu erkennen ist, und daß Sie die Pflege des Gartens problemlos bewältigen können.

◁ **In dem von Mauern gerahmten Stadtgarten betonen die Kletterpflanzen die Vertikale. Der kleine Brunnen ist sehr dekorativ. Die Kiesfläche wird durch die Bodendecker aufgelockert.**

▷ **Schöne Steinplatten, einige Kletterrosen und viele Kübel mit Buchsbaum, Margeriten und Pelargonien machen diesen kleinen Hinterhof zu einer grünen Oase.**

Gartenhöfe zwischen Mauern

▽ Die beiden Margeritensträucher betonen den Übergang vom schmalen Weg in den Garten. Lilien, Petunien, Hydrangea und Pelargonien heitern die dunkle Ecke erfolgreich auf.

Wenn Sie nur eine sehr kleine Fläche zur Verfügung haben, müssen Sie besonders sorgfältig planen, wie diese attraktiv gestaltet werden kann. In einer Stadt werden die meisten Gärten von umliegenden Gebäuden überschattet, so daß Sie wahrscheinlich die Hälfte Ihrer Energie dafür aufbringen müssen, die schattigen Bereiche optimal auszunutzen.

Wenn ein kleiner Garten an eine hohe Mauer grenzt, müssen Sie versuchen, soviel Licht wie möglich hereinzulassen. Um mehr Reflexionsfläche zu erhalten, ist die einfachste Lösung, eine dunkle Mauer weiß zu streichen. Dies wiederum hat Auswirkungen auf die Gestaltung, denn eine weiße Wand als Hintergrund ist in der Natur nicht zu finden. Der Garten bekommt durch eine solche Wand eine beinahe mediterrane Atmosphäre.

Die beste Lösung wäre, die Wand für Kletterpflanzen zu nutzen, indem Sie Spaliere an der Wand befestigen oder Drähte spannen. Die Auswahl der Kletterpflanzen wird überwiegend von den Lichtverhältnissen, der Himmelsrichtung, in die die Mauer zeigt, und von der Bodenbeschaffenheit bestimmt. Flächen im Schatten von Mauern sind meist recht trocken, so daß Sie vor allem Pflanzen brauchen, die mit Trockenheit zurechtkommen und mit einem hohem alkalischen Wert, der durch Berge von Bauschutt verursacht

▷ Bei dieser einfachen Gestaltung steht ein Wasserbecken im Mittelpunkt. Als Bodenbelag können Holzlatten, Klinker oder Steinplatten verwendet werden. Zusätzlich zu den Randbeeten mit der Grundbepflanzung bieten Gruppen mit Kübelpflanzen, die sich schnell umstellen lassen, das ganze Jahr über interessante Abwechslung.

▽ In diesem kleinen Gartenhof werden formale Elemente und Blattpflanzen genutzt, um den Mangel an Licht wettzumachen.

wird. Clematis lieben trockene, alkalische Erde, sie brauchen aber auch etwas Licht. *C. montana* gehört zu den widerstandsfähigsten Arten und gedeiht selbst an einer nach Norden oder Osten zeigenden Wand. Die Clematis bedeckt die Mauer im Frühling mit einem Meer kleiner, weißer oder rosafarbener Blütensterne.

Efeu ist eine recht naheliegende Wahl für dunkle Ecken, da er fast ganz im Schatten wachsen kann. Nur die buntblättrigen Sorten, besonders die mit grün-goldenen Blättern wie 'Goldheart', benötigen mehr Licht, um ihre Mehrfarbigkeit zu erhalten. *Hydrangea petiolaris* gedeiht an einer Nordmauer, mag aber keinen trockenen Boden („hydra" bedeutet Wasser). Wenn der Bereich also nicht von

▽ Die wunderschöne, gußeiserne Wendeltreppe, die in den Garten hinabführt, ist für sich schon eine Attraktion. Schattenliebende Pflanzen wachsen vor den efeubedeckten Hausmauern.

Natur aus feucht ist oder Sie nicht gewillt sind, in Trockenzeiten regelmäßig intensiv zu wässern, sollten Sie vielleicht lieber auf diese Pflanzen verzichten.

Unter diesen Bedingungen müssen Sie kräftig düngen, damit sich die Pflanzen entwickeln können, weil nur wenig Laub und Pflanzenteile zur Humusbildung zurück in die Erde gelangen. Es gibt eine große Auswahl an Düngemitteln, und wenn eine Pflanze nur kümmerlich wächst oder nicht so blüht wie erwartet, liegt das meist an einem Mangel an Nährstoffen und Wasser – oder an zu wenig Licht.

Auf einer kleinen Fläche, wo alle vertikalen Oberflächen mit Kletterern bedeckt sind, um den verfügbaren Platz optimal auszunutzen, ist es außerdem sinnvoll, Pflanzen geschickt zu gruppieren. Die Wirkung von mehreren Pflanzen gleicher Sorte ist wesentlich größer als die der Streuung verschiedener Arten. Oft wird angenommen, nur kleinwüchsige Pflanzen sind erlaubt, weil der Platz so beschränkt ist, doch das Gegenteil ist der Fall. Ein großes, besonders schönes Exemplar in einem ansprechenden Kübel ist mehr wert als viele unscheinbare Pflanzen. Wenn Sie ein Gewächs mit attraktivem, immergrünem Laub wählen, in einen großen, hübschen Behälter setzen und gut pflegen, kann dies zum Mittelpunkt jedes kleinen Gartens werden. Um

◁ **Dieser kleine Garten besticht durch die Betonung der Vertikalen mittels Rankgittern und einem antiken Bogen mit Landschaftsmalerei. Für den Bodenbelag wurden unterschiedliche Materialien verwendet: Natursteinplatten, grober Kies und Fliesen. Die Pflanzengruppen stehen in Terracotta-Töpfen.**

▽ **Jeder Zentimeter in diesem schmalen Souterraingarten ist ausgenutzt. Auf den Stufen leuchten Fleißige Lieschen, Pelargonien und Lobelien in Töpfen. Die Wände werden von zahlreichen farbenfrohen Kletterpflanzen und Blumen in Hängekörben belebt.**

dieses Gefäß herum gruppiert man dann kleinere Pflanzen, um im Frühling oder Sommer Farbe und Duft hinzuzufügen.

Ist der Bereich vom Haus aus einzusehen, sollte man darauf achten, daß das ganze Jahr über etwas besonders Schönes zu sehen (oder zu riechen) ist. Da der kleine Garten die einzige Verbindung zu den wechselnden Jahreszeiten ist, sollten duftende Pflanzen oder solche, die im Winter blühen, ganz gezielt gewählt werden. Kübel sind sehr nützlich, weil sie entsprechend der unterschiedlichen Blühzeiten schnell umgruppiert werden können. Wenn Sie die Bepflanzung überlegt planen, lassen sich Blumenzwiebeln zusammen mit kleinen Stauden setzen, so daß Sie im Frühling die Blüten der Zwiebeln genießen können, gefolgt von anderen Blüten im Sommer. Eine gute Wahl sind frühe Narzissen, gefolgt von Allium.

Zusätzlich zu den Kletterpflanzen können Sie auch halbrunde Gefäße an Wänden anbringen und mit hängenden Blumen wie Fleißiges Lieschen, Pelargonien, Lobelien, Diascia und Nasturtium bepflanzen. Am besten, man hält dabei ein bestimmtes Farbschema ein, da eine Wand sonst schnell unruhig wirkt. Fleißige Lieschen benötigen nicht viel Licht und eignen sich deshalb besonders gut für dunkle Gartenhöfe.

Durchgänge und Handtuchgärten

▷ Auf der kleinen, schattigen Fläche wurden vor allem Waldpflanzen wie Farne, Fingerhüte und Lungenkraut angesiedelt. Zusammen mit dem schmalen Weg aus Naturstein wirkt der Garten sehr natürlich und geheimnisvoll.

▽ Der schmale Garten wirkt durch die schönen Details wie den runden Steintisch, gotische Stühle, Skulpturen und Terracotta-Töpfe.

Zu einigen Stadtgärten gehört ein sehr schmaler Streifen, der entlang einer Seite des Hauses verläuft. Oft wird dieser Bereich schlicht übersehen, was eigentlich schade ist, denn wenn der Garten an sich schon sehr klein ist, kann man dieses schmale Stück für zusätzliche Gestaltungszwecke nutzen.

Zuerst sollte man sich mit dem Bodenbelag beschäftigen. Wenn die Fläche bereits betoniert ist, kann man durchaus Fliesen darauf verlegen oder den Bereich mit Holz auslegen. Manchmal werden für diese Flächen rote und schwarze Fliesen verwendet, die als Ausgangsbasis für eine viktorianische Bepflanzung ideal sind. Zu einem solchen Stil gehören Farne und Immergrüne, eventuell Buchsbaumkugeln oder -pyramiden in Terracotta-Töpfen, als dauerhafte Elemente. Dazu kann man dann viele Frühlings- und Sommerblumen, ebenfalls in Töpfen, gruppieren. *Zantedeschia aethiopica*, der große Arum mit glänzenden, grünen Blättern und leuchtend weißen Hochblättern entwickelt sich schnell zu einer stattlichen Pflanze, die Sie bald teilen können, um den Pflanzenbestand zu vergrößern. Der Arum fühlt sich im Schatten sehr wohl, braucht aber viel Humus und regelmäßige, reichliche Wassergaben. Einige Frühlingsblüher – Narzissen 'Paper White' in flachen Schalen vielleicht oder mehrere kleine Töpfe mit Schneeglöckchen – passen ebenfalls in diese Umgebung. Falls der Platz ausreicht, kann man einen schmalen Tisch vor eine Mauer oder einen Zaun setzen, auf dem ständig wechselnde Pflanzen zur Schau gestellt werden.

Die Wände eignen sich zum Aufhängen vieler Blumentöpfe, die farblich aufeinander abgestimmt sein sollten. Die Töpfe selbst sollten auch gut überlegt gewählt werden, da man sie aus unmittelbarer Nähe betrachtet. Schön sieht es aus, wenn vier oder fünf Gefäße zusammengestellt werden, vielleicht neben einem großen Kübel mit *Vitis coignetiae*, dessen große, herzförmige Blätter fast das ganze Jahr über imposant wirken, bevor sie dann im Herbst atemberaubende Rost- und Rottöne zeigen.

Wenn Sie sich entscheiden, diesen Bereich mit Holz zu belegen, könnte man auch Holzcontainer integrieren – entweder quadratische Behälter mit schön in Form geschnittenen Immergrünen oder flache Tröge. Diese Art von Gestaltung eignet sich besonders, wenn die Fläche betoniert ist. Ein Holzbelag läßt sich gut mit einer etwas weicher wirkenden Bepflanzung kombinieren, vielleicht mit Gewächsen, die sich stärker ausbreiten. Man kann bei ausreichend Platz unterschiedliche Efeusorten mit einer *Fatsia japonica* zusammenstellen. Flache, schmale Gefäße bieten sich an für Farne, Hosta und Fleißige Lieschen sowie einige klein bleibende Efeusorten.

Eine Skulptur oder ein anderes Dekorationselement – wie ein einzelner, großer Terracotta-Topf – kann als Blickfang am Ende eines langen, schmalen Ganges dienen und sieht gut vor einer Mauer aus. Skulpturen wirken noch interessanter, wenn sie teilweise von Kletterpflanzen verdeckt sind, beispielsweise von Efeu oder Wildem Wein. Kleinere Pflanzen, die schattenverträglich sind, wie etwa Corydalis, kleine, kompakte Glockenblumen und *Viola riviniana 'Purpurea'*, eignen sich als Randbepflanzung.

▽ **Durch den unregelmäßig verlaufenden Weg wirkt der Bereich breiter. Bodendecker, Stauden und Kübelpflanzen unterbrechen die Fläche und lassen sie interessanter erscheinen.**

Wege und Eingänge

Lange, schmale Abschnitte findet man auch vielfach im Eingangsbereich, und besonders dort ist es wichtig, den Bereich durch eine geeignete Bepflanzung attraktiv zu gestalten und einen Blickfang zu schaffen. Zwei besonders hübsche Kübel sind ideal, um den Eingang zu einem Haus oder Garten zu betonen. Die Bepflanzung kann streng und formal oder bunt und üppig sein. Im Sommer verschönern zwei attraktive Gefäße mit großen Lilien (*Lilium regale*) jeden Eingang, und der starke Duft strömt zusätzlich durch geöffnete Fenster und Türen. Im Herbst kann man diese Pflanzen durch große, weiße Chrysanthemen ersetzen und im Frühling dann durch die hochwachsende, leuchtend weiße Tulpe 'Triumphator'.

Wenn die schmale Fläche ausreichend Sonne erhält, kann man die Wegränder mit Lavendel, Santolina oder Artemisia betonen, die alle duften und durch ihre silbrigen Blätter auffallen. Blaue, rosa und weiße Blüten passen gut zum silbriggrauen Laub. Salvien, Federnelken und *Lychnis coronaria* (rosa- oder weißblühende Sorten) mit weichen, samtigen Blättern oder duftende Tabakpflanzen in Weiß oder Pinktönen fügen sich hier harmonisch ein. Sonnige Wege lassen sich gut mit niedrigen Buchsbaumhecken (*Buxus sempervirens*) einfassen, die sogar auch

▷ **Ein schmaler Weg läßt sich recht einfach in einen verwunschenen Pfad verwandeln – hier wurden Trittsteine versetzt verlegt und begleitend dazu Sträucher, Bäume und schattenliebende Stauden gepflanzt.**

einen ganz leichten Duft abgeben. Ein großer Terracotta-Topf mit üppig blühenden Gartenmargeriten wie *Leucanthemum vulgare* lockert das Ganze auf und bildet einen guten Gegensatz zu der strengen Buchsbaumhecke. Kontraste bieten außerdem einige blühende Kletterpflanzen, beispielsweise violette oder weiße Clematis und weiße oder blaßrosa Kletterrosen.

Alle Türen, Tore oder andere Holzkonstruktionen sollten dann in sanften Blau-, Grau- oder Blaugrüntönen gestrichen oder lasiert werden, so daß alles zusammen ein harmonisches Bild ergibt. Leuchtend weiße Pflanzgefäße haben in diesem Rahmen keinen Platz – sie würden zu dominant wirken.

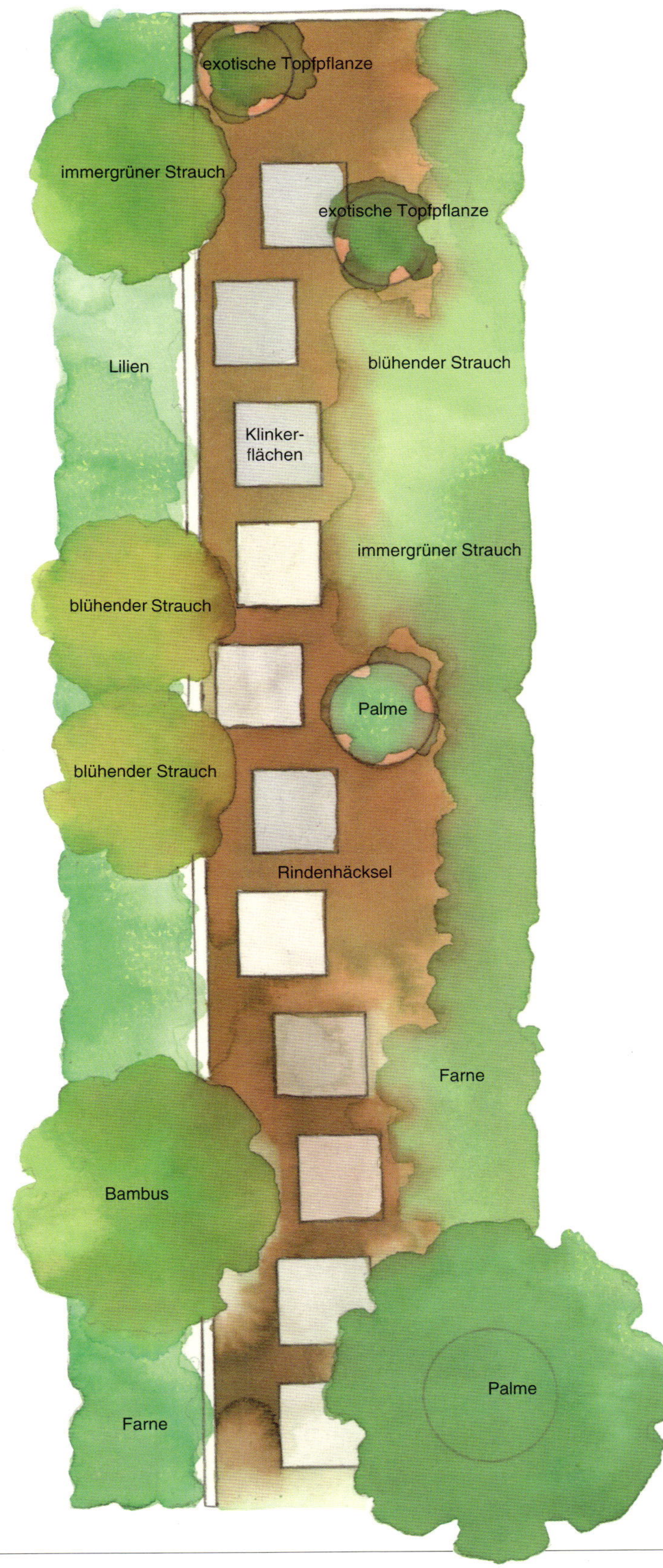

△ **Dieser schmale Durchgang mit Trittflächen aus Klinker auf einem weichen Untergrund, Hochbeeten, die von Holzplanken gefaßt werden, und dem schönen großen Laub von Immergrünen, wirkt wie ein einsamer Waldweg.**

Dachgärten

▽ In diesem kleinen Dachgarten wurde Holz für den Boden und die Pflanztröge verwendet. Eine nicht zu hohe, aber dichte Bepflanzung bietet Schutz vor Wind, ohne den Blick über die Dächer zu versperren.

Bei immer mehr Häusern wird das Dach als zusätzliche Gartenfläche genutzt. Es ist jedoch nicht ganz einfach, aus einem sehr zugigen Bereich einen attraktiven, abgeschiedenen und geschützten Garten zu machen. Das ist besonders schwer, wenn man noch nie zuvor einen Garten angelegt hat.

Die Fläche wird kaum zu einem einladenden Plätzchen für Pflanzen oder Menschen, wenn nicht für ausreichend Schutz vor Wind gesorgt wird. Es gibt viele wirksame Maßnahmen, aber da auch der Blick über die Dächer erhalten bleiben soll, müssen einige Kompromisse eingegangen werden.

Am besten ist es, wenn man eine Mischung aus Spalieren und Pflanzen

▽ Ein Holzbelag ist ideal für eine Dachterrasse, da das Material leicht ist und einfach auf dem bestehenden Untergrund verlegt werden kann. Die Bepflanzung ist überwiegend auf große Tröge entlang des Randes beschränkt, um soviel Platz wie möglich zu erhalten.

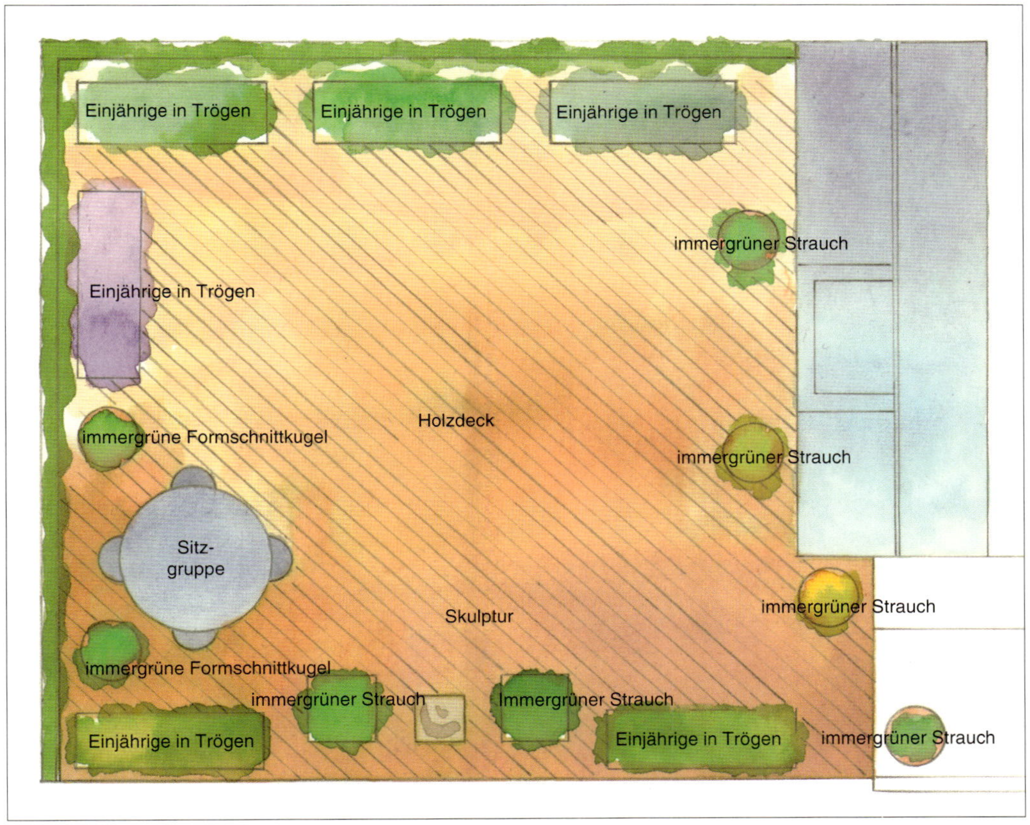

▽ Die taubenblauen Spaliere passen gut zu dem Holzbelag dieses Dachgartens. Sonnenliebende Stauden wachsen in Holz- und Terracotta-Gefäßen.

anwendet, so daß die Sicht nur teilweise eingeschränkt wird. Eine solche Konstruktion ist teilweise winddurchlässig, was aber auch Vorteile hat. Denn wenn der Wind sehr stark ist, besteht ansonsten die Gefahr, daß die gesamte Konstruktion wie ein Segel wirkt und davongeweht wird. Trotzdem müssen Spalierwände, die Pflanzen aufnehmen sollen, sehr stabil und fest verankert sein.

Der vertikale Aspekt eines Dachgartens muß meist ganz von Ihnen selbst realisiert werden, und ohne vertikale Betonung sieht ein solcher Garten meist langweilig aus, trotz abwechslungsreicher Bepflanzung. Versuchen Sie, einige große Sträucher in Töpfe zu pflanzen oder sogar ein paar kleine Bäume, wie einen Lorbeer, eine Trauerkirsche oder eine Trauerbirke. Der Sichtschutz sollte von Kletterpflanzen berankt sein, die zu unterschiedlichen Jahreszeiten blühen – Jelängerjelieber, Clematis, Jasmin und Rosen eignen sich da besonders. Wenn Sie einen ungewöhnlicheren Eindruck erzielen möchten, können Sie auch Passionsblumen (*Passiflora caerulea*) oder sogar eine Kiwi (*Actinidia kolomikta*) anpflanzen.

Wichtig ist, daß das Dach hinsichtlich der Statik geprüft ist, damit Sie sichergehen können, daß die geplanten Aufbauten und Pflanzen nicht zu schwer werden. Gewicht ist bei Dachgärten immer ein Problem, da viel Erde, die sehr schwer ist, auf das Dach transportiert werden muß. In der Regel kann der Randbereich am stärksten belastet werden, und das ist auch meist die Fläche, auf die schwere Kübel und Schutzwände gestellt werden.

Drainage ist ein weiterer Faktor, der zu berücksichtigen ist. Regenwasser und überschüssiges Gießwasser muß abfließen können, ohne das Gebäude zu beschädigen. Falls noch kein Drainagesystem vorhanden ist, muß dieses eingebaut werden.

Außerdem sollte das Dach durch eine wasserdichte Folie geschützt werden. Auf dieser Schicht können Sie dann einen Boden, beispielsweise aus Holz, verlegen. Dabei darf die wasserdichte Folie aber nicht beschädigt werden.

Ein Teich eignet sich auch für eine Dachterrasse, immer vorausgesetzt, daß das Gewicht vom Gebäude getragen werden kann. Ein aufgeschnittenes Faß – vielleicht mit einigen Iris, *Pontederia cordata*, und einer kleinen Seerose – ergibt einen hübschen, kleinen Wassergarten. Um den Teich zu füllen und die Pflanzen zu wässern, was in heißen Perioden jeden Tag geschehen sollte, muß genügend Wasser auf der Terrasse vorhanden sein. Es ist daher sinnvoll, einen Wasseranschluß auf das Dach verlegen zu lassen. Sie können dadurch viel Zeit und Energie sparen, die sonst für das Heraufschleppen schwerer Wassereimer aufgebracht werden muß.

Aus einigen unscheinbaren, wenig einladenden Flächen sind ungewöhnliche und aufregende Dachgärten entstanden. Auf einem Dach kann man seiner Phantasie freien Lauf lassen, mehr noch als in einem normalen Garten, wo man durch die Umgebung schnell auf den Boden der Tatsachen zurückgeführt wird.

Wenn Ihre Dachfläche eine ungünstige Form hat und für eine Sitzecke zu schmal ist, sollten Sie sich überlegen, ob Sie nicht

◁ **Keramikfliesen ergeben auch eine ideale Oberfläche für einen Dachgarten, weil sie leicht zu pflegen und sogar ohne Bepflanzung attraktiv sind. Hier wurden überwiegend immergrüne Sträucher verwendet, um die Wirkung der Fliesen nicht zu mindern.**

einen Miniatur-Dschungel gestalten möchten. Dazu brauchen Sie viele Pflanzen mit stark kontrastierenden Formen, Blättern, Farben und Blüten. Gut geeignet wären *Fatsia japonica*, *Choisya ternata*, kleine Azaleen (in einer Erde mit hohem Säureanteil), Kamelien und Kletterpflanzen wie eine Passionsblume (*Passiflora caerulea*) und ein goldener Hopfen (*Humulus lupulus* 'Aurea') sowie Buchsbaumkugeln oder -kegel, um noch mehr Formenvielfalt zu erhalten.

Wenn die Fläche rechteckig und offen ist, können Sie ein formales Design wie einen japanischen Garten verwirklichen, mit Bambus in Töpfen, in Form geschnittenen Immergrünen, kissenbildenden Pflanzen wie Yakushimanum-Azaleen oder *Viburnum davidii*. Als Bodenbelag ist Kies geeignet, auf den man einfache, niedrige Tische und Stühle aus Holz setzen kann. Spaliere aus Bambus oder Schilf bieten den erforderlichen Schutz und verstärken die fernöstliche Wirkung. Es sollten gedämpfte Farben gewählt werden, so daß die strengen Formen voll zur Geltung kommen. Als Blickfang sind einige blühende Sträucher – wie Hydrangea – möglich.

Sinn einer Dachterrasse ist es, schönes Wetter ungestört genießen zu können, so daß eine Sitzgruppe – vielleicht auch eine berankte Pergola als Schattenspender – nicht fehlen sollten.

▽ **Für diesen halbschattigen Dachgarten wurden die Farben auf Weiß und Grün beschränkt. Immergrüne Kletterer, Blattpflanzen, geformte Bäume und Sträucher kommen so optimal zur Geltung.**

Balkone und Terrassen

▽ **Viele Einjährige, die jeden Zentimeter vertikaler Fläche bedecken, erzeugen auf diesem Balkon ein herrliches Gefühl von Abgeschlossenheit. Die Pflanzfläche wird durch die vom Geländer hängenden Blumen noch erweitert.**

Für viele ist ein kleiner Balkon oder eine kleine Terrasse die einzige Möglichkeit, die eigenen gärtnerischen Fähigkeiten auszuprobieren. Umso erstaunlicher ist es, was alles auf einer noch so begrenzten Fläche angepflanzt werden kann und wie attraktiv sich diese kleinen Freiräume mit etwas Phantasie gestalten lassen. Weil der Bereich so begrenzt ist, hat jedes Detail große Bedeutung. Die Pflanzen und deren Behälter sollten in exzellentem Zustand sein. Nichts sieht häßlicher aus als ein Balkon mit halbverwelkten Pflanzen in wahllos zusammengestellten, unansehnlichen Plastikübertöpfen.

Sehen Sie sich den verfügbaren Platz zuerst genau an. Entscheiden Sie, welchen Belag Sie auf dem Boden haben möchten und welche Pflanzen am Haus oder an Stützen hochranken und an einem Geländer entlang wachsen könnten. Überlegen Sie dann, ob der Balkon groß genug ist, um von Ihnen genutzt zu werden, oder ob der Platz lediglich für die Pflanzen ausreicht. Die Anforderungen an den Boden bestehen (wie bei der Dachterrasse) darin, daß er fest und wasserdicht sein und über eine Drainage verfügen sollte. Außerdem muß er das zusätzliche Gewicht von Blumentöpfen – zusammen mit der Erde – aushalten. Selbst die leichteren, modernen Komposterden sind schwer, wenn sie viel Wasser enthalten. Wenn Sie sich über die Statik nicht ganz im klaren sind, sollten Sie einen Fachmann fragen. Ein weiterer, wichtiger Aspekt in bezug auf Balkone ist die Sicherheit; achten Sie darauf, daß auch bei starkem Wind kein Gefäß herunterfallen und eventuell Passanten verletzen kann – selbst sehr schwere Gefäße machen sich in einem Sturm schnell selbständig und richten eventuell großen Schaden an.

Sie können versuchen, einen üppig blühenden Bauerngarten zu imitieren oder eine etwas zurückhaltendere, formalere Gestaltung wählen. Eine strengere Variante ist vorzuziehen, wenn Sie kein ausgesprochen begeisterter Gartenliebhaber sind, da sich eine ansprechende Gestaltung schon mit wenigen immergrünen Pflanzen und, falls gewünscht, einigen Blumen als Farbtupfer verwirklichen läßt. Wenn Sie eine

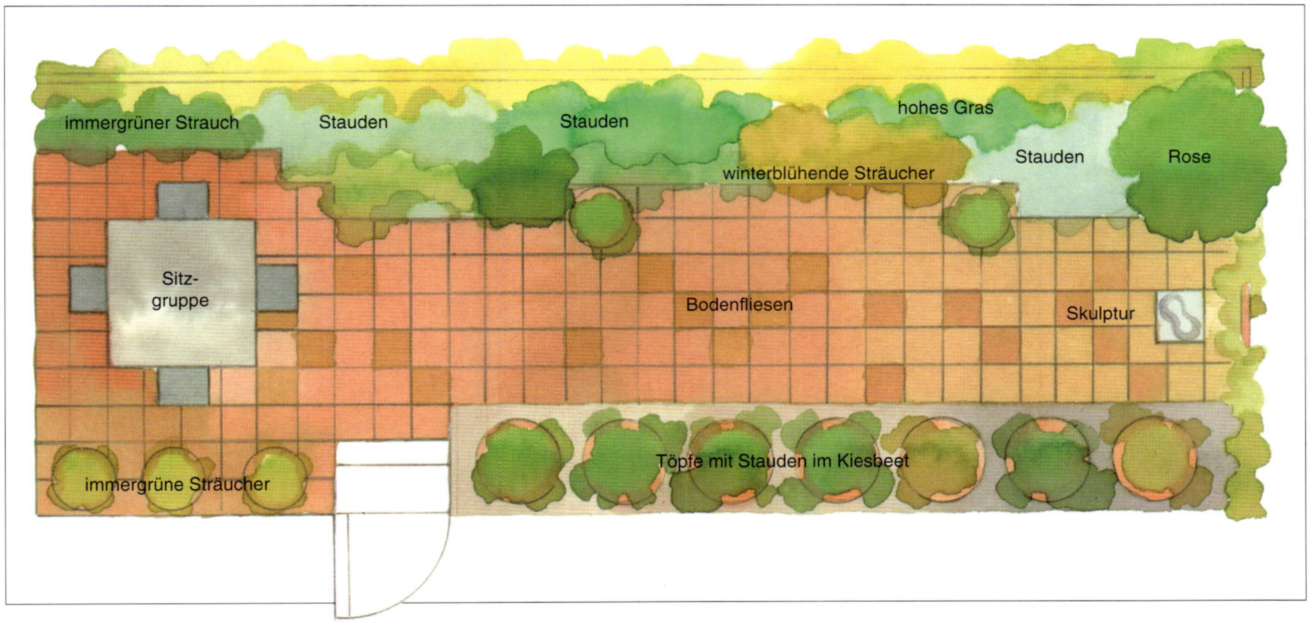

◁ Ein langer, schmaler Balkon wird durch eine dichte Bepflanzung an der Hauswand und am Geländer zu einer grünen Oase. Das Geländer wird durch Hängepflanzen und Töpfe, die auf dem Boden stehen, fast ganz verdeckt. An der einen Seite ist die Bepflanzung weniger üppig, um Platz für die Sitzgruppe zu erhalten.

einfache, symmetrische und ausgewogene Bepflanzung vornehmen, indem Sie die Tür mit zwei Töpfen einrahmen und in Blumenkästen am Geländer entlang vielleicht Margeriten, Tulpen oder Fleißige Lieschen setzen, ist der Balkon schon ausreichend bepflanzt und wirkt größer.

Als Alternative können Sie Besucher mit einem hängenden Garten überraschen, indem Sie Hängekörbe und Wandtöpfe an der Mauer sowie Blumenkästen am Geländer befestigen und viele Kletter- und Schlingpflanzen zu Stauden und kleinen Sträuchern gesellen. Einige ausgesprochen schöne Gärten sind auf Flächen entstanden, die kaum mehr als einen Meter breit und vielleicht zwei oder drei Meter lang sind – durch die optimale Ausnutzung der gesamten Wandfläche und des Geländers. Hängende Pelargonien sind dafür ideal – sie können in kürzester Zeit eine Mauer völlig mit Blüten bedecken – und das den ganzen Sommer lang. Efeu, Nasturtium, Diascia und Lobelien quellen über die Ränder von Körben, Trögen und Blumenkästen und bilden dichte Blütengebilde.

Um die Blütenpracht über einen längeren Zeitraum zu erhalten, müssen die Pflanzen regelmäßig kräftig gewässert und gedüngt werden. Zur Pflege sehr hoch hängender Pflanzen können Sie den letzten Meter eines Gartenschlauchs einfach an einem Bambusstab befestigen. Hängekörbe trocknen schnell aus, so daß die Pflanzen leiden. Wenn Sie sich also für eine derartige Balkongestaltung entscheiden, müssen Sie in heißen Sommern auch die Zeit für ein eventuell zweimaliges Wässern pro Tag aufbringen.

▷ Eine bunte Blütenpracht ist nicht immer notwendig für eine gelungene Bepflanzung. Mit vielen verschiedenen Blattpflanzen – Ahorn, Cornus, Euonymus und Efeu – wurde hier ein sehr erfrischender und üppiger Eindruck erzielt.

Generell sind einige Farben und pflegeleichte Pflanzen eine gute Lösung für kleine Balkone. Auf Kletterer sollte man aber nicht verzichten – viele wachsen auch in erstaunlich kleinen Behältern. So fühlt sich ein Zierwein in einem kleinen Holzfaß wohl; dasselbe Gefäß kann zusätzlich für Krokusse oder Scilla benutzt werden. Im Sommer können dann Wicken durch den Wein nach oben ranken.

▷ **Ein kleiner Balkon mit einem offenen, schmiedeeisernen Geländer verlangt nach einer einfachen Bepflanzung. Buchsbaum in Form von Kugeln oder Kegeln ist ideal. Im Sommer sorgen einjährige Blumen dann für Farbe.**

◁ **Hier wurde der Boden mit diagonalen Holzplanken belegt. Die Pflanzen vertragen Trockenheit – Rosmarin, Santolina und Yucca. Ist ein Balkon stark der Sonne ausgesetzt, sollte man Pflanzen wählen, die auch in der Natur mit heißen, trockenen Standorten zurechtkommen, andernfalls wird das Wässern zu einer zeitintensiven Angelegenheit. Mediterrane Pflanzen eignen sich am besten.**

Grundsätzlich ist es eine gute Idee, bei wenig Platz Gefäße mehrfach zu nutzen, und zwar am besten mit Blumenzwiebeln, indem die größeren Zwiebeln unter die kleineren gesetzt werden. Sie können in einer Ebene Krokusse und Schneeglöckchen setzen, in der Ebene darunter Gladiolen und noch weiter unten Lilien zusammen mit Allium. Bei dieser Methode ist es sinnvoll, dauerhafte Pflanzetiketten zu verwenden, da man leicht vergessen könnte, daß nach der ersten Blütenpracht noch weitere Blüten folgen werden.

Auf einem Balkon dürfen duftende Pflanzen nicht fehlen. Jelängerjelieber duften herrlich und kommen mit fast jeder Erde zurecht; es gibt sogar eine winterblühende Sorte, *Lonicera* x *purpusii*. Einige Clematis-Arten wie *C. armandii* und *C. montana* sind ebenfalls duftend, so daß man, wenn die Entscheidung für Clematis gefallen ist, entsprechende Sorten wählen sollte. Um Vögel und Bienen auf den Balkon zu locken, kann man einige beerentragende Sträucher wie Pyracantha oder Cotoneaster vor die Hauswand pflanzen, vielleicht als Fenstereinrahmung. Große Gefäße mit Lavendel – beispielsweise zwei, die in Form geschnitten sind – ziehen ebenfalls Bienen an.

Kein Balkon in der Stadt sollte ohne einen Topf mit Kräutern auskommen. Sie können auch mehrere Arten in einem großen Terracotta-Gefäß zusammenpflanzen. Thymian, Rosmarin, Salbei, Minze und Basilikum wachsen problemlos auch auf dem Balkon. Es gibt sogar spezielle Kräutergefäße, die unterteilt sind, so daß Kräuter, die sich leicht ausbreiten wie Minze, keine Möglichkeit haben, die Nachbarn zu verdrängen. Wichtig sind im Sommer auch Pelargonien, die am einfachsten zu pflegenden Topfpflanzen – sie benötigen nur wenig Pflege, mögen allerdings nicht zu reichlich gewässert werden. Es gibt die unterschiedlichsten Arten, einige davon mit stark aromatischen Blättern. Man sollte ruhig mehrere Sorten pflanzen, einschließlich buschigwachsender und hängender Formen, die bereits zuvor erwähnt wurden. Sie lassen sich leicht vermehren und wachsen schnell heran. Werden die Spitzen junger Pflanzen ausgebrochen, entwickeln sich die Gewächse viel kompakter. Es ist aber nicht möglich, Pelargonien im Freien zu überwintern, so daß genügend Platz im Haus sein muß, um die Sammlung während der kalten Monate zu beherbergen.

Einige immergrüne Pflanzen geben der Balkonbepflanzung die notwendigen Akzente. Wählen Sie kleinbleibende Koniferen, wie Zwergformen von Chamaecyparis, oder schneiden Sie Buchsbaum und Lorbeer in interessante Formen. Skimmia, mit ihren glänzenden, immergrünen Blättern sind ebenfalls zu empfehlen, da sie sehr langsam wachsen und es einige Zeit dauern wird, bis sie für einen Balkon zu groß sind.

Formale Gärten

▽ Dieser beeindruckende Hof ist genau auf die Architektur abgestimmt. Die Gestaltung beschränkt sich auf klassische Elemente wie Kies, Wasser und Immergrüne.

Sehr kleine Gärten werden am besten streng formal gestaltet. Es gibt mehrere Gründe, warum sich ein solches Design gut für einen Stadtgarten eignet – die Architektur des Hauses bildet den Hintergrund, und ein formaler Stil mit geraden Linien und geometrischen Formen nimmt diese künstliche Umgebung wieder auf. Außerdem nutzt man durch die Einfachheit einer formalen Gestaltung den vorhandenen Platz gut aus.

Formale Gärten stammen ursprünglich aus Frankreich. Sie wurden im 18. Jahrhundert durch Gartenarchitekten wie André le Nôtre berühmt, deren Ziel es war, die Natur zu ordnen und zu zähmen. Zu den wichtigsten Elementen dieses Stils gehörten rechteckige Rabatten, gerade Wege und eine sehr symmetrische Anordnung der Pflanzen. Auf einen kleinen Garten angewandt, kann man das strenge französische Konzept etwas abwandeln und einen ähnlichen Stil, jedoch mit weniger Einschränkungen, verwirklichen. Beispielsweise mit niedrigen Buchsbaumhecken und Kies- oder Steinwegen, die an formal gestalteten Beeten entlang führen. Wenn Sie zu den Glücklichen zählen, deren Garten ausreichend Sonne erhält, können Sie eine interessante Auswahl von Kräutern in mit Buchsbaum eingefaßten Beeten ziehen. Ein Besuch in einem guten Kräutergarten gibt Ihnen Anregungen zur Auswahl und Art der Bepflanzung.

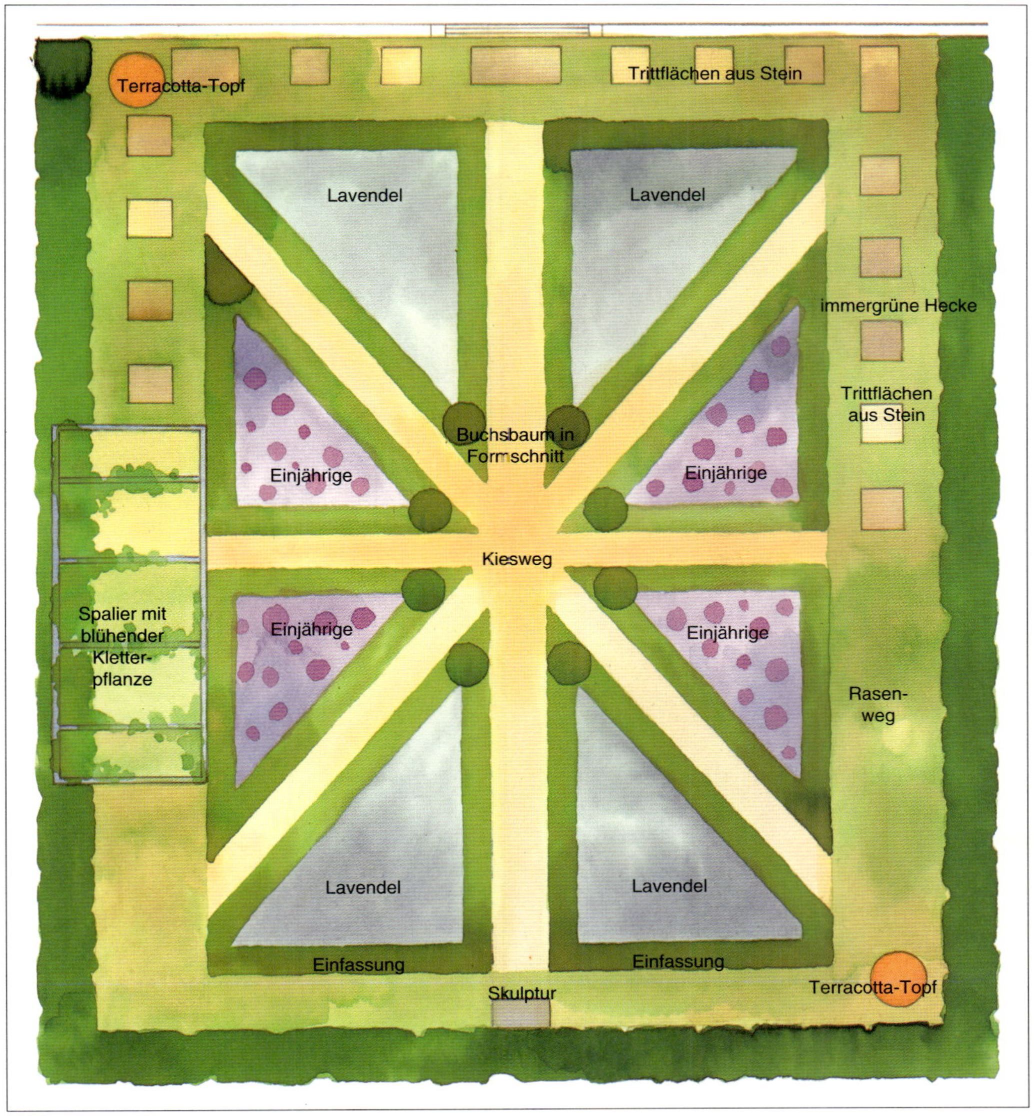

◁ **Diese streng geometrische Anordnung eignet sich für einen kleinen, rechteckigen Garten. Buchsbaumhecken rahmen die einzelnen Flächen ein. Ursprünglich wurden darin nur Kräuter gepflanzt, aber Sie können einen ähnlichen Effekt auch mit Stauden erzielen.**

▽ **Diese sternförmige Anlage ist ein klassisches Beispiel für formales Design. Die Flächen sind mit Buchsbaum eingefaßt und mit Kräutern bepflanzt. Die Buchsbaumkegel betonen die Mitte, die Statue dient als Blickfang.**

Zu einer klassischen, formalen Anlage gehört auf jeden Fall eine eingeschränkte Farbpalette, die überwiegend auf Grün, Gold und Weiß basiert. Die architektonischen Formen werden stark betont. Geometrische Formschnitte von immergrünen Gewächsen sind ein ganz wichtiger Aspekt klassischer Anlagen, die auch im kleinsten Stadtgarten mühelos kopiert werden können. Selbst eine Fensterbank kann mit einer Reihe kleiner Terracotta-Töpfe geschmückt werden, die jeweils einen einzigen, in Kugelform geschnittenen Buchsbaum (*Buxus sempervirens*) enthalten.

Bepflanzungen, die in regelmäßigen Abständen wiederholt werden, in Streifen oder Rechtecken, sind ebenfalls ein Kennzeichen formaler Gartengestaltung. Die Planung eines solchen Gartens ist relativ einfach, und vorausgesetzt, Sie vermehren einige Pflanzen selbst, eine kostensparende Methode. Einige Sträucher lassen sich einfach aus Stecklingen vermehren. Sie können beispielsweise Zweige von Rosmarin und Buchsbaum abschneiden und in einen Behälter mit guter Erde stecken. Sobald sie Wurzeln ausgebildet haben – nach etwa drei Monaten – werden sie in einzelne Gefäße umgetopft.

Wasseranlagen in Form von kleinen Kanälen, rechteckigen oder runden Becken mit Fontänen gehören auch in einen formalen Garten, nicht jedoch die heute üblichen naturnahen Teiche. Ein rechteckiges Becken oder ein kleiner Kanal läßt sich gut in einen kleinen Stadtgarten integrieren.

Gleichermaßen geeignet für kleine, formale Gärten sind flache, mit Wasser gefüllte Kiesbecken sowie Spring- oder Wandbrunnen, die das Wasser in ein Bassin leiten. Das plätschernde Geräusch ist sehr beruhigend und besonders wirkungsvoll in einer klassischen Anlage.

▽ Für diesen Garten wurde ein weniger strenges, klassisches Design gewählt. Die formale Wirkung wird durch die symmetrische Anordnung erreicht – in diesem Fall durch die riesigen Gefäße, in anderen oft durch Formschnitte.

Japanische Gärten

Mit vielen verschiedenen immergrünen Sträuchern können Sie einen Garten gestalten, der vom Design her formal ist, aber ein fernöstliches Flair ausstrahlt. Japanische Gärten sind sehr streng angeordnet, aber auf eine ganz andere Weise als klassische französische Anlagen. In einem japanischen Garten wird die Form der Pflanzen selbst und die Zusammenwirkung mit dem umgebenden Raum betont. Felssteine, große und kleine Kiesel, sie alle spielen eine eigene Rolle im formalen japanischen Design, und das kann gerade in einer Stadtumgebung wirkungsvoll sein, in der Grau- und Grüntöne wunderschön mit den umliegenden Gebäuden harmonieren.

Moderne Gartendesigner haben viele Aspekte des japanischen Gartens übernommen und dem westlichen Stil angepaßt. Strenge Verfechter der klassischen Gartenkunst verpönen diese Abwandlungen, doch bieten sie eine realisierbare, attraktive Alternative zu anderen Gestaltungsmöglichkeiten. Wenn Sie diese Art architektonischer Einfachheit mögen, muß Ihre Devise „weniger ist mehr“ lauten. Wählen Sie Pflanzen, die von der Wuchsform schon eine klare Aussage machen, und überlegen Sie genau, wo und wie sie angeordnet werden sollen. Die Pflanzen müssen qualitativ besonders gut sein und eine optimale Wuchsform haben. Kreieren Sie einige

▽ Dieses Wasserbecken lenkt den Blick auf den großen Löwen, der das höherliegende Bassin bewacht. Zusammen ergibt das ein sehr klassisches Bild, das sich etwas abgewandelt auch für einen kleinen Stadtgarten eignen würde.

Blickpunkte im Garten, indem Sie die Pflanzen beispielsweise an das Ende eines Weges oder direkt unter ein Fenster setzen.

Statuen und Schmuckelemente

Wie geschaffen für einen formalen Garten sind Statuen und Dekorationselemente. Wege enden oft vor einem einzelnen Stück – vielleicht einer Büste auf einem Podest. In einem kleinen, quadratischen Garten kann ein großes Gefäß oder eine Statue als Mittelpunkt dienen, um den herum vier rechteckige Beete angelegt sind. Auch hier gilt: weniger ist mehr. Eine schöne Statue, egal, ob echt oder Replik, ist wesentlich wirkungsvoller als mehrere unscheinbare, minderwertige Skulpturen. Selbst ein einzelnes Dekorationsstück kann wundervoll aussehen – etwa ein alter Schornsteinkopf oder ein anderes Artefakt vergangener Zeiten, vorausgesetzt, es steht an der richtigen Stelle. Eine Nische in einer Mauer oder ein Spalierbogen bieten sich als Kulisse an.

Gartenräume

▽ In diesem kleinen Garten wurden die Steinplatten asymmetrisch angeordnet, wodurch die Fläche interessanter und größer wirkt.

Zu den größten Freuden eines jeden Gartenbesitzers in der Stadt zählt, abgeschirmt im Freien sitzen zu können und die Natur zu beobachten. Geplätscher von Wasser, Vogelgesang oder surrende Insekten haben in einer städtischen Umgebung einen ganz besonderen Wert. Eine solche Vielfalt läßt sich am besten von einem schönen Sitzplatz aus mitten im Grünen genießen.

Planen Sie für einen Sitzplatz eine kleine befestigte Fläche ein, dort, wo im Garten am meisten Sonnenschein zu erwarten ist. Dieser Bereich muß nicht nah am Haus liegen, obwohl das offensichtliche Vorteile hat, weil der Weg ins Haus am kürzesten ist. Falls der Garten aber nach Norden zeigt und der Bereich hinter dem Haus im Schatten liegt, kann man die Sitzecke durchaus an das äußerste Ende des Gartens verlegen und durch einen besonders schön gestalteten Weg mit dem Haus verbinden. Wenn die Fläche für den Sitzplatz mit einem schönen Belag ausgestattet ist – Holz, Steinplatten oder Klinker – haben Sie eine ebene Stellfläche für einen Tisch und ein paar Stühle.

Bei der Bepflanzung um einen Sitzplatz herum sind folgende Punkte zu beachten: Die Pflanzen sollen als Sichtschutz dienen, um die größtmögliche Abgeschlossenheit zu erreichen, Wind, Luftverschmutzung und Stadtgeräusche weitestgehend fern-

◁ Diese abgeschlossene, kleine Fläche bildet einen idealen Gartenraum. Ein paar Stufen führen nach oben zum Sitzbereich, der durch Sträucher und Bäume wirkungsvoll abgeschirmt ist. Kübelpflanzen zu beiden Seiten der Treppe sorgen in den Sommermonaten für schöne Akzente.

▽ Ein höheres Deck, angelegt, um unterschiedliche Ebenen zu überbrücken oder als reines Designelement, verleiht jedem Garten einen besonderen Reiz, vor allem, wenn Gewächse wie die Banane *Ensete ventricosum* zur üppigen Bepflanzung gehören.

halten und bei heißem Wetter Schatten spenden. Falls all diese Aspekte berücksichtigt werden können, ist ein zusätzlicher Bonus in Form von Duft nicht zu verachten. Eine Pergola oder eine Spalierwand sind ideal, da sie etwas Schatten spenden und gleichzeitig als Stütze für Kletterpflanzen dienen können.

In Südeuropa ist ein Sitzplatz im Freien erst komplett mit einem Weinstock, dessen große Blätter im Sommer herrlichen Schatten spenden. Selbst in kälteren Regionen kann Wein zumindest als Dekoration gepflanzt werden. *Vitis coignetiae* wächst unter fast allen klimatischen Bedingungen und hat schöne, große Blätter, die sich im Herbst rubinrot färben. Dieser Wein läßt sich gut mit einer duftenden Kletterpflanze, einem Jasmin, einem Jelängerjelieber, einer Rose oder einer der großblütigen Clematis kombinieren. Stellt man dann noch ein paar Kübel an den Rand der Sitzfläche, vielleicht mit Hydrangea oder Ligularia, so wird aus dem Raum im Freien ein herrliches Plätzchen, von dem aus Sie jede freie Minute genießen können. Noch besser läßt sich ein solcher Garten nutzen, wenn Sie für längere Abende auch eine Beleuchtungsmöglichkeit haben. Wollen Sie darauf verzichten, Elektrokabel durch den Garten zu verlegen – Kerzen oder Fackeln ergeben auch ein schönes Licht.

◁ **Kies ist ein preisgünstiger und sehr natürlich wirkender Belag für ein Zimmer im Grünen, der zu fast allen Stilarten paßt. Die Bepflanzung richtet sich nach den baulichen Vorgaben – Blattpflanzen für dunkle, schattige Ecken und mediterrane Pflanzen für helle, sonnige Bereiche.**

▽ **Für diesen kleinen, abgeschirmten Raum im Freien, der auf einem Dach „eingerichtet" wurde, entsteht durch das Holz für Boden, Spalierwände und Sitzgruppe ein einheitliches Bild.**

Gartenmöbel

Wenn Sie keine Pergola errichten und bepflanzen möchten, können Sie statt dessen auch einen großen Sonnenschirm aufstellen. Zu den attraktivsten gehören die Schirme mit Holzständer und Holzverstrebungen, die mit naturfarbenem, hellem Stoff bespannt sind. Sie sind stabil, halten lange und sehen besonders gut auf einem Holzdeck zusammen mit Teakmöbeln aus (siehe auch Seite 63). Der Schirm sollte am Ende der Saison gründlich gesäubert und, wenn er ganz trocken ist, an einem sauberen Platz aufbewahrt werden.

Die Versuchung ist groß, bei der Anschaffung von Gartenmöbeln auf die vielen preiswerten Angebote einzugehen. Meist rechnet sich das auf längere Sicht jedoch nicht. Gartenmöbel sollten eine lange Lebensdauer haben, und je stabiler sie sind, desto eher widerstehen sie unseren Wetterverhältnissen und starker Luftverschmutzung. Am besten, man entscheidet sich für wetterfeste Möbel, die wirklich das ganze Jahr über draußen stehen können, denn meist ist im Haus oder in der Wohnung kaum Platz zur Aufbewahrung. Die Möbel sollten im Frühjahr abgebürstet und mit klarem Wasser abgespült werden. Mit einem Topfreiniger lassen sich hartnäckige Moosflecken entfernen. Dabei darf aber nicht so aufgedrückt werden, daß das Holz verkratzt.

Ist der Garten zu klein für eine komplette Sitzgruppe, kann man überlegen, ob nicht eine Gartenbank an einer Stelle aufgestellt werden kann, von der aus Sie einen besonders schönen Blick haben auf einen Kübel mit duftenden Lilien, einen hübsch gewachsenen Baum oder die überwältigende Pracht einer blühenden Clematis. Gartenbänke gibt es in vielen Größen, Formen und Materialien – eine zierliche Bank aus Eisenguß etwa paßt auch in den kleinsten Garten.

Zugang und Ausblick

Wenn Sie Ihren Garten als Zimmer im Freien nutzen möchten, müssen Sie sich Gedanken über den Zugang machen. Vielleicht wäre es möglich, ein bestehendes Fenster in eine Terrassentür umbauen zu lassen, so daß Sie schnell und bequem in den Garten gelangen und Duft sowie Vogelgezwitscher aus dem Garten durch die geöffnete Tür dringen können. Der Blick vom Wohnzimmerfenster aus ist ebenfalls wichtig; bei der Gartenplanung sollten Sie diesen Blick berücksichtigen und die Gestaltung entsprechend ausführen.

In einigen Stadthäusern fällt der Blick vom Wohnzimmerfenster aus auf einen schmalen Streifen Land, der allzu oft als unansehnlicher Abstellplatz mißbraucht und nicht als Teil des Gartens betrachtet wird. Da diese Fläche aber den Eingang zum Garten repräsentiert und vielleicht sogar den einzigen Blick in den Garten freigibt, sollte auch sie sorgfältig gestaltet werden. Hier genügen häufig schon eine einfache, niedrige Bepflanzung, ein angenehmer Bodenbelag und einige Blumentöpfe auf dem Boden, an einem Zaun und an den Wänden.

Gestaltungs-
elemente

Zusätzlich zu den Pflanzen und den grundlegenden Raumstrukturen werden in vielen Gärten besondere Schmuckelemente wie Teiche, Brunnen, Lichtquellen, Dekorationsstücke, Gartenmöbel und Pergolen verwendet. Das Angebot, aus dem Sie wählen können, ist enorm groß, aber Sie müssen entscheiden, welche Elemente am besten in die begrenzte Fläche eines Stadtgartens integriert werden können. In diesem Kapitel werden unterschiedliche Wasseranlagen wie Teiche, Brunnen und Bäche gezeigt, verschiedene Arten und Typen von Gartenmöbeln vorgestellt und dekorative Elemente von Pergolen und Statuen bis hin zu Lichteffekten beschrieben.

◁ **Dieser kleine Brunnen mit der antiken Figur und dem höhergelegten Wasserbecken verschönert eine schattige Ecke in einem kleinen Stadtgarten.**

▷ **Die blaue, ungewöhnliche Bank unterstreicht die etwas überraschende Gestaltung dieses kleinen Gartens mit den großen Kübeln, der schwungvollen Rasenform und der ungewöhnlichen Farbzusammenstellung in Pink, Violett und Grün.**

Wasseranlagen

▽ **Wandbrunnen eignen sich gut für kleine Gärten. Hier wurde ein Teil der Mauer umgebaut, um den Löwenkopf zu integrieren. Der Beckenrand ist mit weißblühenden Sommerblumen dekoriert. Sehr wirkungsvoll sind auch die Buchsbaumkugeln in weiß-blauen Töpfen.**

Selbst der kleinste Stadtgarten bietet Platz für einen Teich, Brunnen oder Bach. Durch die Reflexionen auf dem Wasser wirkt ein Garten größer als er eigentlich ist. Man kann aus einer Vielzahl von Größen und Formen wählen, von einem kleinen, in die Erde eingelassenen Becken bis hin zu einem großen Teich, der den größten Teil des Gartens einnimmt. Auch der kleinste, dunkelste Hinterhof läßt sich durch Wasser aufheitern und optisch vergrößern, beispielsweise durch einen Wandbrunnen in einer Mauer (wie oben gezeigt), aus dem Wasser plätschert – entweder in eine einfache Zisterne, in ein kleines, etwas höher gelegenes Becken oder in einen flachen Teich mit Kieseln.

Auch ein Teich muß in Einklang mit der restlichen Gestaltung sein. Wenn Sie sich für einen formalen Garten entschieden haben, sollte der Wasserbereich ebenfalls klassisch angelegt werden – etwa als Kanal oder als rechteckiges bzw. rundes Becken. Wollen Sie eher eine Bauerngartenatmosphäre erzielen, können Sie einen flachen, natürlich wirkenden Teich mit unregelmäßiger Form anlegen.

Wassergärten erfordern überraschend wenig Pflege. Gehören Sie also nicht zu den ganz enthusiastischen Liebhabern von Grünflächen und mögen Sie den Anblick von Wasser, dann sollten Sie sich für einen großen Teich entscheiden, selbst auf einem kleinen Grundstück. Der umgebende Bereich kann mit Holz belegt werden, um eine Sitzgruppe aufzustellen, auch eine Brücke über den Teich ist attraktiv. So ließe sich die gesamte Grundstücksbreite als Wassergarten nutzen. Viele holländische Gärten sind so angelegt, und tatsächlich eignet sich diese Gestaltung ebensogut für einen Stadtgarten.

Weist das Grundstück starkes Gefälle auf, könnten Sie einen Wasserfall anlegen, der Wasser zum Teich hinunter führt. Durch Pumpen läßt sich das Wasser dann wieder hinaufleiten.

Ein kleiner Springbrunnen paßt in jeden Stadtgarten – er ist hübsch anzusehen, und das leichte Geplätscher wirkt sehr beruhigend.

◁ Ein kleiner, halbrunder Brunnen in sanftem Ocker mit einem Fisch als Wasserspender bildet einen hübschen Blickfang in einem kleinen Stadtgarten.

▽ Auch ein Kanal oder Bach kann in einen Garten integriert werden. Hier läuft das Wasser an einer Seite des Grundstücks entlang. Vom Holzsteg aus läßt sich der Bach gut beobachten.

Randgestaltung

Die Gestaltung des Randes bei einem Teich oder Wasserbecken hat entscheidenden Anteil an der Gesamtwirkung. Wie immer Sie die Wasserfläche anlegen, der Rand muß dazu passen und entsprechend bepflanzt werden. In der Natur gibt es viele Pflanzen, die nur in sehr feuchtem Boden gedeihen, und ein natürlicher Teich ist nur dort zu finden, wo der Boden die Feuchtigkeit auch halten kann. Im eigenen Garten ist man weniger eingeschränkt, aber nichts sieht seltsamer aus, als eine künstlich angelegte Wasserfläche umgeben von Pflanzen, die eigentlich nur unter sehr trockenen, sonnigen Bedingungen gedeihen – meist silberblättrige Pflanzen mit kräftig farbigen Blüten. Großblättrige Blattpflanzen, die sich an feuchten Standorten oft selbst aussäen, wirken an einem Teich natürlicher. Wenn Sie die Wasserfläche nicht vollständig mit Holz oder Steinen einfassen möchten und sich für einen flachen Teich entschieden haben, dann kann eine Kiesschicht als Uferbereich sehr attraktiv aussehen. *Caltha palustris*, *Trollius europaeus* und *Astilboides tabularis* eignen sich gut in unmittelbarer Nähe eines solchen Gewässers wie auch Candelabra-Primeln, die meisten Farne und die robuste Geranie *Geranium macrorrhizum*. Asiatisch anmutende Skulpturen, kleine Buddhas, die aus Farnen oder Efeu hervorgucken, oder das typische Bambusrohr, aus dem Wasser in einen Teich tropft, sind für eine naturnahe Gestaltung ideal.

Zu einer eher klassischen Wasseranlage wie einem runden oder rechteckigen Becken oder einem Kanal passen ganz andere Dekorationsstücke – eine kleine gotische Brücke, ein kleiner Pavillon oder ein paar runde Trittsteine in flachem Wasser – je nachdem, welchen Eindruck Sie erwecken möchten und wie groß Ihr Garten ist.

Trittsteine und Brücken

Es gibt viele Möglichkeiten, eine Wasserfläche zu überqueren, abhängig vom gewünschten Gesamtbild und dem verfügbaren Platz. In einen flachen Teich kann man beispielsweise Trittflächen aus Stein, imprägnierten Holzbohlen oder Teakdecks legen. Die Flächen sollten einladend wirken und leicht begehbar sein. Sie müssen nicht unbedingt in einer geraden Linie verlaufen, sondern können sehr interessant angeordnet werden.

◁ Auch für einen naturnahen Teich eignet sich Holz als Einfassung. Stege lassen sich durch Holzkonstruktionen einfach realisieren. Der Rand wird hier von unterschiedlich hohen Holzelementen verdeckt, so daß der Eindruck entsteht, das Wasser fließe darunter weiter.

▽ Wasser gehört zu den wichtigsten Elementen japanischer Gartengestaltung. Durch die geschickte Anordnung von Brücken, Trittsteinen und Kieseln wirkt ein Garten wesentlich größer.

Sehr einfache Brücken lassen sich aus einigen dicken Holzbohlen herstellen, die einfach über die Wasserfläche gelegt werden. Die Bohlen können auch zu beiden Seiten durch Querbalken gestützt werden. Ebenfalls möglich sind verspielte Brücken mit schönem Geländer, die in einem Bogen das Wasser überspannen, vorausgesetzt, sie passen zum Gesamtbild, und der Garten ist nicht zu klein.

Zierteiche für Fische

Wenn Sie Fische im Teich halten möchten, muß die Wasserfläche ausreichend groß sein. Für jeden etwa 15 cm langen Fisch (ohne Schwanz gemessen) sollten Sie etwa 0,2 m^2 Wasserfläche rechnen. Einige Fischarten, beispielsweise Karpfen, brauchen außerdem eine Wassertiefe von mindestens 1,2 – 1,5 m. Je tiefer der Teich, zumindest an einer Stelle, desto größere Überlebenschancen haben Fische auch im Winter. Ein Fischteich braucht viel sauerstoffproduzierende Unterwasserpflanzen, um das Wasser sauber und klar zu halten. Außerdem müssen Sie im Sommer die Fische zusätzlich füttern. In der kalten Jahreszeit ist dann aber keine ergänzende Nahrung erforderlich.

Wenn Sie einen Teich anlegen, um vor allem Vögel, Kleintiere und Insekten anzulocken, sollten Sie hierfür gute Voraussetzungen schaffen. Die Tiere müssen das Wasser gefahrlos erreichen können, so daß der Teich zumindest an einer Seite sehr flach sein sollte. Eine natürliche Randbepflanzung ist angebracht, und einige Gewächse wie Binsen, Iris, Pontederia und Sumpfdotterblumen sollten vom Ufer aus in den Teich hineinwachsen. Das tiefere Wasser ist ideal für Seerosen.

Sumpfgärten

Falls Sie keinen Teich anlegen, auf einige feuchtigkeitsliebende Pflanzen aber nicht verzichten möchten, können Sie sich für einen Sumpfgarten entscheiden. Wenn Sie eine Teichfolie etwa einen Meter unter der Erdoberfläche verlegen und die Folie an einigen Stellen perforieren, um überschüssiges Wasser ablaufen zu lassen, schaffen Sie ideale Bedingungen für Pflanzen wie Rodgersia, Ligularia, Hosta, den stattlichen Zierrhabarber (*Rheum palmatum*) und eine *Gunnera manicata*, eine Staude mit riesigen Blättern. Die Gunnera ist frostempfindlich und muß deshalb in kälteren Regionen im Winter geschützt werden. Sie verleiht aber jedem Garten eine ganz besondere Atmosphäre, wenn sie sich im Sommer zu einer Pflanze von gut zwei Metern Höhe und Breite entwickelt.

Pergolen und Lauben

In einem Stadtgarten ist es oft wünschenswert, auch vor Einblicken von oben geschützt zu sein. Dafür gibt es diverse Konstruktionen, von aufwendig verzierten bis hin zu erstaunlich einfachen, die alle auch als Stütze für Kletterpflanzen und zugleich als Schattenspender dienen können. Wie groß und dominierend ein solches Gartenelement sein sollte, hängt ganz von Ihrem Geschmack und davon ab, wieviel Sie investieren wollen. Selbst die einfachste Konstruktion eignet sich für viele Pflanzen, die über und um die vertikalen und horizontalen Elemente klettern können. Eine einfache Konstruktion läßt sich auch selbst bauen, indem Sie einige stabile Metall- oder Holzpfosten gut im Boden verankern und daran waagerechte Holzlatten anbringen. Einen noch rustikaleren Effekt erreicht man durch das Spannen dicker Taue zwischen den Pfosten.

◁ **Eine Pergola mit schönen Gitterelementen umgibt diesen Sitzplatz. Sie schützt vor Einblicken und Wind und sorgt an heißen Tagen für den notwendigen Schatten. Schöne Pergolen und Pavillons wirken auch ohne Kletterpflanzen.**

Oft werden an einem solchen Platz Gartenmöbel aufgestellt, weil sich gerade hier, eingerahmt von kletternden Pflanzen, der Garten ganz besonders genießen läßt. Man kann auch eine Konstruktion so errichten, daß eine Mauer als Rückwand genutzt wird und so mindestens von einer Seite Schutz vorhanden ist. Das ganze wirkt dann wie ein schöner Rahmen, ähnlich wie eine Laube, und wenn Sie Kletterpflanzen – am besten mit stark duftenden Blüten – hochranken lassen, haben Sie den idealen Platz, um einen entspannten Sommertag zu genießen. (Auf den Seiten 98 – 101 finden Sie viele Anregungen für duftende Pflanzen.)

Bögen

Bögen lassen sich vielfältig einsetzen. Besonders eignen sie sich aber zur Betonung von Eingängen oder zur Abgrenzung unterschiedlicher Gartenbereiche. In einem kleinen Stadtgarten kann ein Bogen den Übergang von einem Weg zum eigentlichen Garten markieren. Ist der Bereich für die üblichen blühenden Kletterpflanzen aber nicht sonnig und hell genug, läßt man Efeu oder andere schattenliebende Pflanzen über den Bogen wachsen. Man kann auch mehrere Bögen in kurzen Abständen hintereinander aufstellen, um einen grünen Tunnel zu erhalten, der, mit Efeu berankt, ganz besonders geheimnisvoll wirkt.

▽ Bögen sind ideal zum Einrahmen von Eingangsbereichen. Hier wurde ein Metallbogen in sanftem Blau als Stütze für eine Wisteria benutzt. Deren zart-lila Blütentrauben setzen einen besonderen Akzent.

Kletterpflanzen

Kletterpflanzen werden für Pergolen gewählt, um recht schnell ein natürliches Dach aus Blättern und Blüten zu erhalten. Ideal sind Rosen, von denen meist mehrere Sorten gepflanzt werden, um die Blütezeit noch zu verlängern. 'Albertine', eine stark wachsende Rose mit hübschen blaßrosa Blüten, wird oft zum Beranken von Lauben und Bögen verwendet. Gut eignen sich auch Englische Rosen, die unter anderem von David Austen gezüchtet werden, und die wunderschönen, stark duftenden Alten Rosen.

Mindestens eine der Pflanzen sollte durch besonders schönes Laub auffallen – ein Zierwein etwa oder der goldblättrige Hopfen *Humulus lupulus* 'Aureus'. Jelängerjelieber eignet sich immer gut, weil er sehr intensiv duftet. Einige Sorten sind immergrün oder fast immergrün, so daß eine Rankhilfe oder Pergola auch im Winter nicht kahl wirkt. Eine andere gute Wahl ist die nach Mandeln duftende *Clematis armandii,* die dazu noch attraktive, ledrige Blätter hat. Ebenfalls schön sind Passionsblumen mit ihren kreisrunden, immergrünen Blättern und seltsam geometrisch anmutenden, meist blauweißen Blüten.

△ Eine klassische Pergola und vier Büsten bilden den Blickfang in diesem Stadtgarten. Blattpflanzen und Hängekörbe mit einjährigen Sommerblumen mildern die strenge Wirkung etwas ab und schaffen damit den Übergang zum übrigen Garten.

Sonnensegel und Sonnenschirme

▽ Ein Stoffsegel vergrößert die Schattenfläche für diesen Sitzbereich. Sonnensegel sind ideal, wenn bereits eine Konstruktion vorhanden ist, an der die Stoffbahn befestigt werden kann.

Einen Stadtgarten kann man ähnlich wie ein Zimmer im Haus „einrichten". Mit Stoffen lassen sich bestimmte Akzente setzen, und gleichzeitig Regen oder Sonne fernhalten. Sonnensegel, Markisen und Sonnenschirme schützen vor Wettereinflüssen und Blicken, was besonders wichtig ist, wenn der Garten von höhergelegenen Wohnungen aus einsehbar ist.

Es gibt viele Möglichkeiten, das „Dach" eines Gartens zu gestalten (siehe auch die beiden vorherigen Seiten). Große Segeltuchschirme, die ursprünglich aus Fernost stammen, werden immer beliebter. Wenn Sie eine noch größere Fläche abdecken möchten, können Sie eine große Segeltuchbahn an Pfosten befestigen. Wichtig ist allerdings, daß sich der Stoff bei einem plötzlichen Regenschauer schnell abnehmen läßt, da sich das Wasser sonst auf der Fläche sammelt und eventuell die ganze Konstruktion zum Einstürzen bringt. Statt Segeltuch können Sie auch einen zarten Stoff verwenden, der fast so fein wie ein Moskitonetz ist, oder einen Baumwollstoff in schönen Naturfarben wie Safrangelb oder Terracotta.

Mit Schilfmatten lassen sich ebenfalls Dachkonstruktionen errichten. Sie sind relativ leicht und einfach an Stützpfeilern oder mit Winkeln an Hausmauern zu befestigen. Über diese Matten können Sie

◁ **Ein großer, schlichter Sonnenschirm mit Segeltuch in Weiß oder Naturfarben sieht besonders schön aus. Zusammen mit dem stabilen Holzständer und den Holzverstrebungen wirkt er wesentlich eleganter als kleine Sonnenschirme mit oft unpassenden Mustern.**

dann Kletter- oder Schlingpflanzen wachsen lassen. Unter normalen Bedingungen halten die Matten etwa fünf Jahre.

Stoffe können sehr effektive Farbakzente in einem Garten setzen. Es gibt viele Möglichkeiten, allein durch Stoffe und gut gewählte Farben einen langweiligen Stadtgarten interessanter zu machen. Vor allem gelingt dies mit bunten Kissen – für Sessel und Stühle, Tischdecken, und, falls ein Holzdeck existiert, auch für große Sitzkissen auf dem Boden. Diese Farbtupfer kommen besonders gut in schattigen Gärten zur Geltung, die selbst nur wenig Farbe geben können und enorm von attraktiven Stoffen in leuchtenden Farben profitieren.

In letzter Zeit sind immer mehr Wintergärten in vielen Formen und mit unterschiedlichen Funktionen entstanden. Wenn Sie allerdings die meist sehr hohen Kosten für einen Wintergarten nicht aufbringen möchten, können Sie auch selbst eine günstigere Variante errichten, die angelehnt an eine Hauswand und zu den Seiten hin offen ist – mit einem Dach aus durchsichtigem PVC. In der Stadt wird ein solches Dach allerdings schnell unansehnlich, so daß es häufig gesäubert werden muß. Streicht man die Pfosten beispielsweise dunkelgrün und schlingen sich schöne Kletterpflanzen daran empor, kann eine solche Eigenkonstruktion zu einer erstaunlich hübschen, preisgünstigen Loggia für die Frühjahrs- und Sommermonate werden.

Gartenmöbel

▽ Die richtige Stelle für eine Bank im Garten muß überlegt gewählt werden. Diese klassische Holzbank wird von der Spalierwand geschützt und von Topfpflanzen eingerahmt.

Heutzutage ist das Angebot an Gartenmöbeln so groß, daß die Wahl schwer fällt. Es gibt viele wetterfeste Möbel aus unterschiedlichen Materialien, die meist relativ günstig aus Fernost importiert werden. Holz gehört zu den angenehmsten Materialien, und auch hier ist die Auswahl an Gartenmöbeln von klassischen Reproduktionen bis hin zu modernen Designs überwältigend. Wenn die Möbel das ganze Jahr über draußen stehen sollen, ist es auf jeden Fall angebracht, die beste Qualität zu kaufen, die man sich leisten kann. Es sollte sich um gutes und gut verarbeitetes Hartholz wie Teak handeln, dem kein Wetter etwas anhaben kann. Billigere Weichholzarten müssen jährlich behandelt werden, um ein allzu schnelles Verwittern zu verhindern.

Farbige Metallgartenmöbel sehen ebenfalls gut aus – meist sind sie französischen Caféhausmöbeln nachempfunden, mit dunkelgrünen Tischen und zierlichen Stühlen. Sie passen in fast jeden kleinen Stadtgarten. Auf weiße Möbel sollten Sie eher verzichten – gerade in der Stadt werden sie sehr schnell schmutzig und unansehnlich. Dunkelgrün oder Pastellblau sind die naheliegendsten Farben. Dann gibt es noch ein großes Angebot an gußeisernen Möbeln mit teilweise sehr aufwendigen Verzierungen. Da diese Möbel sehr schwer sind, kann sie der Wind kaum umwehen, andererseits lassen sie sich nur unter Mühen versetzen, was zum Problem werden kann, wenn Sie nicht nur an einer Stelle im Garten sitzen möchten.

Können Sie trotz des großen Angebots nicht das Passende finden, hält Sie keiner davon ab, Ihre eigenen Gartenmöbel zu entwerfen und zu bauen. Einfache Bänke oder Tische sind nicht schwer zu konstruieren; selbst aus groben Holzklötzen und Eisenbahnschwellen lassen sich rustikale, schöne Sitzplätze gestalten. Wenn die Kosten ein Faktor sind, können Sie auch auf Flohmärkten einzelne, besonders günstige

▽ **Wählen Sie die Farben für Gartenmöbel sehr überlegt aus. Auf weißen Möbeln ist jeder Schmutz zu sehen. Dunkelgrün, wie bei diesen Möbeln, ist unempfindlich und wirkt elegant.**

Stühle erstehen. Die Unterschiede im Design lassen sich dann durch einen einheitlichen Farbanstrich ausgleichen. Selbst Plastikmöbel können gestrichen werden – auf diese Weise verwandelt sich ein normaler, weißer Plastikstuhl in ein durchaus akzeptables Möbelstück, vorausgesetzt, er hat eine schöne Form. Interessante Relikte vergangener Zeiten können ebenfalls in originelle Gartenmöbel umgewandelt werden – so wird aus dem Gestell einer alten Nähmaschine, versehen mit einer Marmorplatte, ein kleiner Tisch.

Zum Essen im Freien benötigen Sie genügend Platz. Für einen Tisch und vier Stühle sind mindestens 4 m^2 erforderlich. Etwas weniger Platz brauchen Sie, wenn Sie eine Bank und zwei Klappstühle um den Tisch stellen. Es gibt schöne, zierliche Stühle, die sich nach Gebrauch platzsparend zusammenklappen und aufbewahren lassen.

Besonders auf kleinen Balkonen, Terrassen und Dachgärten ist es wichtig, daß die Möbel genau zur Umgebung passen. Auch hier sind Klappmöbel ideal und Bänke, die eng an der Hauswand aufgestellt werden. Wenn Sie etwas handwerkliches Geschick haben, können Sie eine kleine Tischplatte selbst zimmern, die am Geländer oder der Wand so montiert wird, daß sie sich bei Bedarf einfach aufklappen läßt.

◁ Liegestühle gehören zu den preiswertesten Gartenmöbeln, und da man sie platzsparend unterbringen kann, sind sie ideal für kleine Gärten. Am schönsten sehen die Stühle mit einfarbigem oder gestreiftem Stoff aus.

Möbel zum Entspannen

In den meisten kleinen Gärten ist nur wenig Platz zur ausgiebigen Erholung, und meist erlaubt die Stadtnähe auch keine totale Entspannung. Trotzdem sind ein paar bequeme Möbel, auf denen Sie die Füße hochlegen und so richtig faulenzen können, auch in einem Stadtgarten wünschenswert.

Zu den attraktivsten Möbeln gehören die sogenannten Deckchairs, die zuerst für Luxusdampfer entwickelt wurden und heute in vielen Ausführungen angeboten werden. Sie haben die Form eines normalen Stuhls mit einer zusätzlichen Fläche für die Beine. Aus gutem Hartholz, ausgestattet mit Kissen in naturfarbenem Leinen, sind sie eine wertvolle Ergänzung für jeden Raum im Freien.

Der gute alte Liegestuhl ist in einem kleinen Garten eigentlich unentbehrlich, weil er schnell zusammenklappbar und leicht zu transportieren ist. Wenn ein Liegestuhl mit gutem Stoff bespannt ist, hält er erstaunlich lange. Gefällt der Stoff aber nicht mehr oder ist er tatsächlich einmal verschlissen, dann gibt es eine Vielzahl schöner Gewebe, mit denen man einen solchen Stuhl ohne viel Aufwand selbst neu gestalten kann.

▽ Schöne, stabile Gartenmöbel in guter Qualität sind nicht billig, aber eine lohnende Investition. Sie haben eine lange Lebensdauer und zeigen auch nach jahrelangem Gebrauch kaum Abnutzungen. Zur Pflege müssen sie lediglich einmal im Jahr gut gesäubert werden.

◁ Deckchairs passen zu fast jedem Gartenstil. Hier stehen zwei Exemplare auf einer Terrasse mit wunderschönem Belag aus alten Steinplatten und Steinen.

Essen im Freien

Für viele liegt der größte Vorteil eines Stadtgartens in der Möglichkeit, bei gutem Wetter im Freien essen und trinken zu können. Diese Vorliebe stammt ursprünglich aus südlicheren Ländern, hat sich inzwischen aber auch bei uns durchgesetzt. In unseren Breiten wird ein solcher Eßplatz häufig mit einem zusätzlichen Schutz vor plötzlichen Regenfällen ausgestattet.

Die Größe des Eßplatzes hängt wieder von der verfügbaren Fläche ab. Ein Grill für die Sommermonate erweist sich häufig als unentbehrlich. Die einfachste Grill-Methode besteht darin, daß man ein Feuer aus ein paar Zweigen macht und darüber eine Mahlzeit zubereitet. Will man mehr Komfort, kann man aus sehr vielen unterschiedlichen Modellen wählen, angefangen bei einfachen Konstruktionen bis hin zu Geräten aus Edelstahl, die eher wie ein luxuriöser Kochherd wirken.

Wollen Sie Gerichte im Freien zubereiten, müssen Sie auch einige Sicherheitsaspekte beachten. Ein Grill sollte nie zu nahe an Gebäuden, Zäunen oder Pflanzen aufgestellt werden. Vor allem empfindliche Pflanzen leiden schnell unter der Wärmeentwicklung. Denken Sie auch daran, aus welcher Richtung der Wind kommt, und stellen Sie den Grill so auf, daß der Rauch nicht direkt auf Ihre Gäste, ins Haus oder in Nachbarwohnungen weht. Manchmal ist eine Stelle weiter entfernt vom Haus besser für den Grillplatz geeignet, selbst wenn damit längere Wege verbunden sind.

Ist genügend Platz vorhanden, wird oft ein fester Grillplatz aus Ziegelsteinen oder anderem Material errichtet. Bei der Festlegung des richtigen Standortes muß wiederum die Sicherheit berücksichtigt werden.

Schließlich braucht man noch einen Servierwagen oder kleinen Tisch als Ablage beim Zubereiten der Mahlzeiten und vielleicht eine feuerhemmende Decke in Griffnähe. Chemische oder leicht brennbare Materialien sollten aus der Nähe eines offenen Feuers entfernt und außer Reichweite von kleinen Kindern aufbewahrt werden.

Objekte und Statuen

▽ Dieser Hahn aus Metall soll einen Topf mit Buchsbaum beleben. Dekorationsstücke wie diese werden oft auch als Überraschungsmoment gewählt.

Ein Stadtgarten ist der ideale Platz zum Aufstellen von Dekorationsstücken. Auf einer begrenzten Fläche hat jeder Schmuck eine wesentlich stärkere Wirkung als in einem großen Garten. Statuen, Gefäße, Spiegel, Sonnenuhren oder andere dekorative Elemente lassen sich einsetzen, um einen kleinen Garten interessanter zu gestalten.

Gefäße

Gefäße jeder Art gehören zu den vielseitigsten Zierstücken im Garten und müssen nicht unbedingt bepflanzt werden, obwohl sie dafür gut geeignet sind.

Es gibt sehr viele schöne Gefäße aus unterschiedlichsten Materialien wie Terracotta, Blei oder Stein, die als Mittelpunkt für kunstvolle Kompositionen verwendet werden können. Dabei sollte bedacht werden, daß das Gesamtkonzept einfach bleibt und auf keinen Fall zu viele Materialien kombiniert werden. Wenn Sie Terracotta mögen, wäre es angebracht, überwiegend Ornamente aus diesem Material zu verwenden. Es gibt wunderschöne, große Terracotta-Töpfe, die an der richtigen Stelle auch ohne Pflanzen eine ganz besondere Wirkung hervorrufen.

◁ Keramik und Terracotta sorgen hier für die Farbgebung. Yucca und Agaven passen gut zu diesem südlichen Thema.

▷ **Stellt man eine Statue am Ende eines Ganges auf, ergibt das einen schönen Blickpunkt, der gleichzeitig den Rahmen für das Werk bildet. Wisteria, Rosen und Clematis lockern die strenge Anordnung etwas auf und sorgen im Sommer für Farbe. Dies ist der ideale Platz zum Entspannen an heißen Tagen.**

Skulpturen
Skulpturen in unterschiedlichsten Stilrichtungen und Formen können einen Garten ebenfalls attraktiver machen. Besonders schöne Exemplare kann man in Galerien finden; oder aber Sie beauftragen einen Künstler mit einer Skulptur, die genau Ihren Vorstellungen entspricht. Jeder Künstler arbeitet vorrangig mit einem bestimmten Material – Bronze, Marmor, Stein, Gips oder Holz – , und Sie müssen entscheiden, welches Material am besten in den Garten paßt. Die Oberfläche spielt bei jeder Skulptur eine große Rolle – ein Objekt aus Holz beispielsweise wirkt wesentlich wärmer als eines aus Granit. Wichtig ist, daß Material, Form und Farbe mit dem Stil des Gartens harmonieren und Ihren Vorstellungen entsprechen.

Wenn Sie nicht allzu viel Geld investieren möchten, ist es empfehlenswert, eine einzelne wertvolle Skulptur anstatt mehrere minderwertige zu kaufen. Ein Garten verlangt nach einem etwas dramatischen Konzept, und eine große, imposante Statue wird diesen Aspekt viel eher unterstreichen und einen wirklichen Blickfang bilden, während viele kleine Stücke in ihrer Wirkung miteinander konkurrieren.

Ganz wichtig ist die Wahl des richtigen Standortes für eine Skulptur, so daß sie sich von der Umgebung abhebt und vielleicht am Abend zusätzlich beleuchtet werden kann. Kleine Büsten auf Podesten werden häufig vor eine Mauer oder eine Nische gesetzt und von Pflanzen umrankt. Schöne Blattpflanzen mit attraktiven Blättern bilden den idealen Rahmen.

Andere Dekorationselemente
Artefakte vergangener Zeiten, filigrane, gußeiserne Abdeckplatten beispielsweise, eignen sich gut als Gartenschmuck. Bei ihrer Verwendung sollte man darauf achten, daß sie zu vorhandenen Materialien passen und ein bestimmtes Thema oder einen Gartenstil, sei es klassisch oder modern, betonen.

Alte Zisternen oder schöne Spülbecken können so verändert werden, daß sie nützlich und dekorativ zugleich sind. Diese Stücke lassen sich wirkungsvoll bepflanzen, als interessantes Wasserbassin verwenden oder können auch ganz für sich stehen.

Mit Spiegeln sind sehr wirkungsvolle Effekte besonders in kleinen Gärten möglich. Sie sind ideal für tiefliegende, dunkle Gärten, in denen abgesehen von der optischen Vergrößerung auch noch zusätzliches Licht reflektiert wird. Wie und wo Spiegel aufgestellt werden, muß gut überlegt sein, weil der Winkel, in dem das Licht einfällt, ausschlaggebend ist. Oft werden Spiegel mit einem Spalierbogen eingerahmt, wodurch der Eindruck entsteht, als würde sich der Garten dahinter fortsetzen.

Beleuchtung

▷ Raffiniert gesetzte Spotlights können einen sehr dramatischen Effekt im Garten hervorrufen. Dazu sind nur wenige Lichtquellen erforderlich, die am besten so installiert werden, daß sie alle auf einem Stromkreis liegen.

Wenn Sie für die Anlage eines Stadtgartens viel Zeit und Energie aufwenden wollen, darf auch eine Beleuchtung nicht fehlen. Die Möglichkeit, einen Garten abends zu beleuchten, hat viele Vorteile. In einem Stadtgarten ist vor allem die Sicherheit wichtig – nicht viele Einbrecher sind so dreist, einen voll erleuchteten Garten zu durchqueren, um sich dann an Fenstern und Türen zu schaffen zu machen. Außerdem haben Sie vom Inneren des Hauses einen guten Überblick.

Eine Beleuchtung ermöglicht Ihnen, den Garten auch am späten Abend zu genießen. Wenige, gut plazierte Lichtquellen können ihm zusätzliche Dramatik verleihen. Bäume und Sträucher erscheinen mit vollkommen neuen Konturen. Der Kontrast von Licht und Schatten unterstreicht ihre Formen und Strukturen sehr wirkungsvoll. Wenn Sie den Garten für Partys nutzen möchten, ist eine Beleuchtung notwendig, um auch die späten Abendstunden genießen zu können. Der Sitzbereich sollte ausreichend, aber nicht zu stark beleuchtet werden, und zwar am besten so, daß das Licht von hier aus in den Garten strahlt und nicht direkt in die Gesichter Ihrer Gäste.

Verschiedene Lichtquellen

Eine Gartenbeleuchtung muß nicht aufwendig und kostspielig sein. Die einfachste Form besteht aus Kerzen oder Fackeln. Normale Gartenfackeln haben eine Brenndauer von sechs bis acht Stunden, je nach Größe, und sind in jedem Kaufhaus erhältlich. Sie geben ein schönes, warmes, sehr romantisches Licht ab.

◁ Die Beleuchtung kann ganz einfach sein. Ein paar Kerzen, richtig plaziert, können einen Garten bei Nacht gänzlich verwandeln. Fackeln sind genauso gut geeignet und brennen viele Stunden. Sie geben ein warmes Licht und halten Insekten fern!

▽ Mit viel Licht kann man einen Garten optisch in einen zusätzlichen Wohnraum verwandeln. Dieser Hof wirkt wie eine Erweiterung des Wohnzimmers.

Eine einfache elektrische Beleuchtung kann aus zwei oder drei wetterfesten Lichtquellen bestehen, die in den Rasen gesteckt und so ausgerichtet werden, daß sie bestimmte Bereiche des Gartens hervorheben. Ein Licht beispielsweise kann dezent die Sitzecke beleuchten, während zwei weitere auf besondere Gegebenheiten im Garten gerichtet sind – vielleicht auf einen kleinen Wasserfall oder einen interessant gewachsenen Strauch.

Wenn Sie im Garten auch häufig Gäste bewirten wollen, sollten vor allem Wege, Treppen und eventuelle weitere Gefahrenzonen gut beleuchtet sein. Ziel ist es, am Sitzbereich ausreichendes, aber nicht zu helles Licht zu haben, so daß Lichtquellen in der Umgebung nur nach unten oder oben strahlen sollten.

Gehört zu Ihrem Garten ein Teich oder Springbrunnen, können Sie diesen durch eine Unterwasserbeleuchtung interessanter gestalten. Wenn es die Kosten nicht zu sehr in die Höhe treibt, ist ein Arrangement ideal, bei dem die unterschiedlichen Lichtquellen getrennt ein- und ausgeschaltet werden können. Sie müssen dann auf separaten Stromkreisen liegen.

Lichtquellen für den Außenbereich gibt es grundsätzlich in drei Arten: normale Glühbirnen, die sehr warmes Licht geben, Sparlampen mit etwas diffusem, grünlichem Licht und Niedervolt-Halogenlampen mit sehr weißem Licht.

Pflanzen für alle Ansprüche

◁ Pelargonien sind in Stadtgärten sehr beliebt. Sie blühen lange, erfordern kaum Pflege und wirken besonders, wenn sie farblich gleich oder aufeinander abgestimmt sind.

Die Wahl der richtigen Pflanzen für unterschiedliche Ansprüche und Voraussetzungen ist selbst für erfahrene Gärtner eine Herausforderung. Dieses Kapitel stellt die Standorte vor, die darüber entscheiden, welche Pflanzen geeignet sind – von trocken-sonnigen bis zu feuchten und dunklen Plätzen. Außerdem werden einige Pflanzen für bestimmte Funktionen benötigt – als Sichtschutz, als Blickfang oder auch als Obst- oder Gemüselieferant. In diesem Kapitel werden detaillierte Hinweise zu den für den jeweiligen Zweck geeigneten Gewächsen gegeben. Die wichtigsten Pflanzen sind aufgelistet, so daß Sie sich schnell einen Überblick verschaffen können. Gerade in einem kleinen Garten sind Pflanzen besonders wichtig, die mehr als eine attraktive Phase im Jahr bieten.

▷ Blätter können ebenso eindrucksvoll wie Blüten sein – ein Beweis ist dieser Hof mit einer schönen alten Feige, mit Farnen und Buchsbäumen.

Bepflanzung des Stadtgartens

Bei der Auswahl der Pflanzen für einen Stadtgarten ist vor allem guter Menschenverstand und viel Vorstellungskraft gefragt. Bedingt durch Platzmangel und die teilweise schwierigen Wachstumsbedingungen müssen einige Pflanzen nach rein praktischen Gesichtspunkten ausgesucht werden. Doch Ihre Phantasie ist ebenso gefragt, da erst die richtige Zusammenstellung einen Garten harmonisch wirken läßt.

Um eine kleine Fläche optimal auszunutzen, ist es erforderlich, ein Pflanzthema konsequent zu verfolgen und die jeweiligen Bedingungen – sehr schattig und feucht oder hell und trocken – zu berücksichtigen. Was bedeutet das aber in der Praxis? Zuerst sollte versucht werden, die vertikale Struktur des Gartens mittels Kletterpflanzen, hohen Sträuchern und einigen Bäumen zu gestalten. Die Horizontale ergibt sich dann durch kleinere Sträucher, Stauden und Sommerblumen. Keineswegs benötigen Sie viele unterschiedliche Pflanzen, um einen Garten harmonisch und interessant zu gestalten, wichtiger ist die richtige Plazierung.

Vielfach wird nicht bedacht, daß auch große Pflanzen in einen kleinen Garten passen. Beschränkt man sich jedoch auf viele kleinwüchsige Pflanzen, so sind diese nicht in der Lage, einen einheitlichen Gesamteindruck zu vermitteln. Außerdem erfordern sie mehr Pflege. Zu den großen, imposanten Pflanzen, die auch in einem Stadtgarten gedeihen können, zählen immergrüne Sträucher wie die großblättrige *Fatsia japonica,* die gelbgesprenkelte *Aucuba japonica* 'Crotonifolia', Yucca und die attraktive *Choisya ternata* mit ihren schönen Blättern und Wolken weißer, duftender Blüten im Sommer.

◁ **Ein perfektes Bild in Grün, Weiß und Silber. Die Urne mit *Helichrysum petiolare* ist umgeben von dickfleischigen Hostablättern und interessant geschnittenem Buchsbaum, eine ideale Kombination für eine kleine, schattige Ecke.**

Wichtig ist, daß der Garten eine Art Rahmen hat, um den herum Stauden und Einjährige gruppiert werden können. Selbst wenn nur ein Balkon oder eine Terrasse gestaltet werden, sollten immergrüne Sträucher nicht fehlen, vielleicht zwei große Töpfe mit in Form geschnittenem Buchsbaum oder Myrte; diese könnten dann als Orientierungspunkte für die übrige Bepflanzung dienen.

Wenn Sie es sich anfangs nicht leisten können, den Garten komplett anzulegen, sollten Sie sich zuerst auf die größeren, strukturgebenden Pflanzen beschränken und die Lücken vorübergehend mit großen Sommerblumen füllen. Tabakpflanzen sind imposante „Lückenbüßer", die aus Samen gezogen werden und, im Gegensatz zu den meisten Einjährigen, sowohl im Halbschatten als auch in der Sonne gedeihen. Im ersten Sommer können Sie dann von Gehölzen und Stauden so viele Stecklinge wie möglich nehmen, um Ihren Bestand zu vergrößern. Andere Pflanzen lassen sich auch durch Absenker oder Teilung vermehren.

Es ist ratsam, mehrere Sorten einer Art zu pflanzen, die unter den gegebe-

◁ **Zwei Töpfe mit Buchsbaumspiralen wie hier oder auch mit Sommerblumen verschönern jeden Garten und sind ideal, um einen Eingang zu betonen. Die Bepflanzung sollte auf jeden Fall auch in der Größe auf die Umgebung abgestimmt sein.**

nen Bedingungen gut gedeiht, anstatt viele, ganz unterschiedliche Pflanzen.

Eine Bepflanzung kommt erst richtig zur Wirkung, wenn eine klare Aussage gemacht werden kann. Durch die Zusammenstellung mehrerer Pflanzen einer Art oder Sorte erreicht man diesen Effekt mühelos. Pelargonien gehören eigentlich in jeden Stadtgarten, nicht zuletzt wegen der vielen Formen – von hängenden Sorten über solche mit stark aromatischen Blättern bis hin zu jenen mit wunderschönen, großen Blüten in herrlichen Farben, die zum Teil sogar auf Stamm gezogen werden können. Fuchsien sind ebenfalls gut geeignet, sie sind in vielen verschiedenen Blütenformen und -farben und auch als Stämmchen erhältlich.

Man sollte bei der Wahl von Pflanzen bedenken, daß sie nicht nur kurze Zeit, sondern das ganze Jahr über etwas Besonderes bieten sollten. Das ist vor allem bei kleinen Gärten wichtig. Selbst auf einem Balkon kann man die Pflanzen so arrangieren, daß immer etwas Interessantes zu entdecken ist. In einem Blumenkasten können Blumenzwiebeln wachsen, gefolgt von Sommerblumen und Kräutern sowie von spätblühenden Einjährigen, Chrysanthemen und Heide im Herbst. Im Winter können dann vielleicht noch Cyclamen und Efeu die dunkle, unfreundliche Jahreszeit aufheitern.

Pflanzen als Sichtschutz

▷ **Rosen sind ideal zum Beranken von Pergolen – empfehlenswert ist die Kombination mit anderen Kletterpflanzen wie Clematis oder Jelängerjelieber, um so eine noch längere Blütezeit zu garantieren.**

Zu den wichtigsten Anforderungen an einen Stadtgarten gehört, daß er vor Einblicken von benachbarten Häusern sowie vor kaltem Wind oder vielleicht sogar vor streunenden Katzen geschützt sein sollte. Manchmal ist es auch notwendig, einen häßlichen, unerfreulichen Anblick so weit wie möglich zu verdecken.

In klassischen Gartenanlagen wird ein solcher Schutz durch in Form geschnittene Immergrüne erreicht, die sehr dicht und undurchdringlich wachsen – Eiben und Stechpalmen beispielsweise bilden exzellente, dunkelgrüne Wände. Beide wachsen jedoch relativ langsam, so daß Sie vielleicht eher Gewächse brauchen, die ihre Aufgabe schneller erledigen.

Kletterpflanzen

Akebia quinata
Aristolochia macrophylla
Campsis x *tagliabuana*
C. macropetala
C. montana
C. tangutica
Eccremocarpus scaber (einjährig)
Hedera (viele Arten)
Humulus lupulus 'Aureus'
Hydrangea anomala petiolaris
Jasminum officinale
Ipomoea tricolor (einjährig)
Lathyrus latifolius
Lonicera periclymenum
L. x *tellmanniana*
Passiflora caerulea
Rosa (viele Arten)
Solanum crispum 'Glasnevin'
Trachelospermum jasminoides
Tropaeolum speciosum (mehrjährig)
Vitis vinifera 'Purpurea'
Wisteria sinensis

◁ **Spaliere, die mit schnellwachsenden Kletterern wie diesem schönen Efeu, *Hedera helix* 'Gloire de Marengo', berankt sind, bilden einen guten Schutz und gleichzeitig einen attraktiven Hintergrund für andere Pflanzen.**

Kletterpflanzen

Für einen schnellwachsenden Sichtschutz sind Kletterpflanzen ideal, die über hohe Spaliere ranken. Es gibt eine große Anzahl geeigneter Pflanzen, die unterschiedlich dicht abdecken. Efeu eignet sich immer gut, weil er relativ stark wächst – die besten Sorten legen in zwei oder drei Jahren etwa zwei Meter zu. Ähnliches gilt für einige Schlingpflanzen, die sogar außer Kontrolle geraten können. Die Jungfernrebe oder der Knöterich breiten sich innerhalb eines Jahres ganz enorm aus, sie verlieren im Herbst aber ihre Blätter und bieten daher, anders als Efeu, nur im Sommer Schutz.

Gut geeignet sind auch einige Bambus-Arten, die bis zu drei Metern hoch werden. Am besten setzt man diese in Container, weil sie Rhizome bilden und einen ganzen Garten in kurzer Zeit in einen kleinen Bambus-Dschungel verwandeln können. Wachsen sie in Behältern, müssen allerdings alle paar Jahre die Wurzeln eingekürzt werden. Deshalb ist es ratsam, man setzt sie in einen stabilen Plastikeimer, der dann in einen schönen Topf gestellt werden kann. Den Eimer können Sie zerschneiden, um die Wurzeln auf etwa ein Drittel zu kürzen. Anschließend wird der Bambus in einen ähnlich großen Eimer wieder eingepflanzt (siehe auch Seite 117).

Zu den schönsten Pflanzen gehört der Wein – ein echter oder ein Zierwein. Die attraktiven Blätter erscheinen im Herbst in herrlichen Rosttönen. Guten Sichtschutz bietet auch die Pfeifenwinde (*Aristolochia macrophylla*), die herzförmige, große Blätter hat und an Masten und

Sträucher

Chaenomeles speciosa
Cotoneaster horizontalis
Euonymus fortunei (immergrün)
Forsythia suspensa
Myrtus communis (immergrün)

▷ Dieser eindrucksvolle, formale Garten zeigt, wie gelungen eine Anlage auch ohne Blüten aussehen kann. Die unterschiedlichen Formen und Grüntöne lassen den Garten fast wie eine Skulptur wirken. Die Aufteilung in mehrere Bereiche durch Immergrüne läßt das Areal größer wirken, weil nicht der ganze Garten auf einen Blick erfaßt werden kann.

Schnellwachsende Pflanzen

Chamaecyparis lawsoniana
Cotoneaster x *watereri*
Hedera helix
Ligustrum japonicum
Pleioblastus
Pyracantha
Sorbus aria
Thuja plicata

Blühende kleine Bäume

Cercis siliquastrum
Cornus controversa
Crataegus laeviegata
Hamamelis mollis
Laburnum sp.
Magnolia solicifolia
M. x *soulangeana*
Malus x *schiedeckeri*
Prunus serrulata
P. subhirtella
Robinia kelseyi
Syringa vulgaris

Immergrüne Bäume

Ceanothus arboreus
Chamaecyparis lawsoniana
Elaegnus x *ebbingei*
Ilex aquifolium
Nothofagus menziesii
Quercus coccifera
Taxus baccata

Drähten empor oder auch an einem Zaum entlang ranken kann. Gleichermaßen geeignet ist der goldene Hopfen (*Humulus lupulus* 'Aureus').

Es gibt keinen Grund, warum Sie nicht auch blühende Kletterer als Sichtschutz verwenden können. Rosen beispielsweise sind durch ihre stacheligen Zweige der beste Schutz vor Katzen, bieten oft wunderbaren Duft und eine beeindruckende Blütenschau (mit unterschiedlicher Blütendauer, je nach Art und Sorte, von wenigen Wochen, zweimaliger Blüte bis hin zu einer Blüte, die den ganzen Sommer anhält). Die Rose 'New Dawn' ist vielerorts beliebt und gedeiht unter den meisten Bedingungen. Ihre blaßrosa Blüten harmonieren mit vielen Farbtönen. Eine andere, kräftige und anspruchslose Rose ist die stark duftende, pinkfarbene 'Albertine'. Sie können auch eine der ganz üppig wachsenden Sorten wie *Rosa filipes* 'Kiftsgate' ausprobieren, wenn genügend Platz vorhanden ist. Sie klettert auf eine Höhe von neun Metern und mehr. Sie blüht einmal im Sommer und ist dann über und über mit einfachen weißen Blüten bedeckt.

Bäume als Sichtschutz

Wenn Sie eine unschöne Aussicht verdekken möchten, kann das sehr wirkungsvoll durch einen großen, schlanken Baum wie *Chamaecyparis lawsoniana* erreicht werden. Pflanzen Sie ihn so nah ans Haus wie möglich, ohne das Fundament zu gefährden (etwa vier Meter entfernt). Weißbirken bilden ebenso wie die zierliche, im Winter blühende Zierkirsche *Prunus subhirtella* 'Autumnalis' einen zarten, lichtdurchlässigen Schutz.

Pflanzen als Blickfang

▷ **Die kräftigen Farben sind ideal für eine heiße, sonnige Ecke im Garten. Hier wurden ein gelbblättriger *Phormium*, leuchtend rote Lupinen und orangefarbene Ringelblumen (im Vordergrund) gewählt.**

Bei der Planung eines kleinen Gartens ist es wichtig, daß deutliche Akzente gesetzt werden, die dem Betrachter sofort ins Auge fallen. In größeren Gärten wird das meist durch die Abgrenzung und Gestaltung unterschiedlicher Abschnitte erreicht, so daß die Aufmerksamkeit auf einzelne Elemente innerhalb der Gesamtanlage gerichtet wird. In einem kleineren Garten kann man sich diesen Luxus oft nicht leisten, weil es der verfügbare Platz einfach nicht erlaubt. Ein solches Konzept läßt sich jedoch abwandeln, indem man spezielle Themen in verschiedenen Gartenbereichen verwirklicht oder aber Blickfänge und Höhepunkte mit Hilfe von besonderen Pflanzen und Dekorationsstücken kreiert.

Pflanzen, die diese Ansprüche erfüllen, sind relativ groß und haben ausgeprägte räumliche Strukturen. Sie sollten im Idealfall das ganze Jahr über etwas Interessantes bieten und damit Grundelemente der Gartengestaltung darstellen. Sie können natürlich auch Stauden oder laubabwerfende Sträucher für diesen Zweck verwenden – Sie müssen dann aber dafür sorgen, daß der Garten auch in der kargen Jahreszeit ohne Blüten und Blätter attraktiv aussieht.

Bäume und Sträucher

Acer palmatum dissectum 'Atropurpureum'
Buxus sempervirens (für Formschnitt)
Catalpa speciosa (als Stämmchen)
Dicksonia antarctica
Hydrangea
Lonicera (als Stämmchen)
Magnolia x *soulangeana*
Rhododendron yakushimanum
Taxus baccata (für Formschnitt)

Strukturgebende Sträucher

Zu den geeignetsten Sträuchern und Gehölzen zählen jene, die eine ausgeprägte Form und auffallendes Laub haben. In diese Kategorie fällt die *Fatsia japonica*, ein immergrüner Strauch mit großen, geteilten Blättern und dekorativem Beerenschmuck im Winter. Sie wächst langsam zu einem großen, formschönen Busch heran und kann im Hintergrund einer Rabatte gepflanzt werden. Auch die mexikanische Orangenblume, *Choisya ternata*, oder die im Winter blühende *Mahonia* x *media* 'Charity' bietet sich an – beide haben außerdem noch duftende Blüten, obwohl nicht jeder den etwas strengen Duft der Orangenblume mag. Als Blickfang eignen sich auch die schöne Cordyline mit ihren großen, spitzen Blättern, eine Yucca oder die Banane *Ensete ventricosum*, beide in Kübeln, da sie im Haus überwintern müssen. Eine große Hanfpalme wie *Trachycarpus fortunei* oder der Baumfarn *Dicksonia antarctica* setzen attraktive Akzente auf einer gepflasterten oder mit Kiesel belegten Fläche.

Bögen als Kletterhilfen

Wenn Sie eine zusätzliche vertikale Betonung benötigen, können Sie für diese Aufgabe einen Bogen mit Kletter- oder Schlingpflanzen wählen. Ein solcher bewachsener Bogen dient im Sommer, wenn die Blüten erscheinen, als Blickfang. Sie können dieses Gestaltungselement auch zu einem permanenten Fokuspunkt des Gartens machen, indem Sie ihn mit immergrünen Kletterern beranken. Oder verwenden Sie den Bogen als Gerüst für exotisch anmutende Kletterpflanzen wie großblättrige Weine, die immergrüne, etwas empfindliche, duftende *Clematis armandii* oder die kletternde *Hydrangea anomala petiolaris* mit großen flachen Blütendolden. Für wärmere Regionen eignet sich die Trompetenblume *Campsis* x *tagliabuana* 'Madame Galen' mit leuchtend orangefarbenen Blüten.

Grosse blühende Stauden und Blumenzwiebeln

Allium christophii
Camassia leichtlinii
Campanula latifolia
Canna
Cardiocrinum giganteum
Cosmos bipinnatus
Crambe cordifolia
Crocosmia 'Lucifer'
Delphinium
Digitalis purpurea
Euphorbia characias wulfenii
Hemerocallis
Heracleum mantegazzianum (giftig)
Ligularia dentata 'Desdemona'
Lilium-Hybriden
Lobelia cardinalis
Lupinus
Nicotiana sylvestris
Phlox paniculata
Verbascum olympicum

Stauden

Eine kleine Rabatte mit großen Stauden kann ebenfalls als Blickfang dienen. Versuchen Sie, das Beet mit ausdrucksstarken, hohen Stauden zu bepflanzen – wie *Euphorbia characias wulfenii*, Ligularia, Rodgersia und *Helleborus argutifolius*. Sie alle eignen sich für ein solches Beet, das dann im Vordergrund mit kleineren Stauden und am Rand mit kissenbildenden bepflanzt werden könnte, die sich teilweise auf den Weg ausbreiten. Kleine Glokkenblumen, Elfenblumen und Geranien würden sich hier anbieten.

Um in der äußersten Ecke eines Gartens einen Akzent zu setzen, eignen sich am besten sehr hohe, imposante Stauden. Wolken von *Crambe cordifolia* mit sternförmigen weißen Blüten und einige silberne Riesen wie *Eryngium giganteum* werden an einem hellen, sonnigen Standort gut gedeihen. An schattigeren Stellen fühlt sich *Macleaya cordifolia* in Kombination mit *Crocosmia* 'Lucifer' wohl.

Kübelpflanzen

Ein großer, attraktiver Kübel mit einer strukturbetonenden Pflanze wie der *Hosta sieboldiana* 'elegans' oder einer imposanten weißblühenden Hydrangea könnte besonders dort, wo unterschiedliche Beläge oder Gartenbereiche aufeinander treffen, als besonderer Blickfang dienen. In einem formalen, fernöstlichen Design ließe sich ein ähnlicher Effekt durch niedrigbleibende, breitwachsende Sträucher wie Yakushimanum-Rhododendron, eine *Skimmia japonica*, *Viburnum davidii* oder auch durch Buchsbaum- oder Ligusterkugeln erreichen.

Stauden mit schönen Blättern

Angelica archangelica
Arundo donax
Astilboides tabularis
Bergenia cordifolia
Cordyline australis
Cynara cardunculus
Darmera peltata
Gunnera manicata
Hosta sieboldiana elegans
Macleaya cordata
Miscanthus sinensis 'Zebrinus'
Petasites japonicus giganteus
Rheum palmatum
Yucca gloriosa
Zantedeschia aethiopica

Pflanzen für Kübel und Töpfe

Behälter jeglicher Art sind für einen Stadtgarten unumgänglich. Sie ermöglichen Ihnen, Pflanzen auch dort um sich zu haben, wo der Boden schlecht bzw. nicht vorhanden ist, wie auf Dachterrassen und Balkonen. Zusätzlich erhalten Sie durch Kübel und andere Gefäße eine erstaunliche Flexibilität. Das ist besonders wichtig in kleinen Gärten, wo Sie die Bepflanzung durch immer wieder neue Anordnungen verändern und betonen können.

Es gibt sehr viele Pflanzen, die sich für Gefäße eignen. Sie sollten sich jedoch von den traditionellen Bepflanzungskonzepten für Gefäße freimachen, die meist zu sehr auf Hängekörbe und blumige Arrangements abzielen und strukturgebende Pflanzen mit dekorativem Blattwerk fast unbeachtet lassen. Gerade diese Pflanzen können aber in einem Stadtgarten eine große Rolle spielen.

Blattpflanzen

Zu den Stauden, die sich ausgesprochen wohl in Töpfen fühlen, gehört die Hosta (vielfach auch als Funkie bekannt). Es gibt viele Formen. Besonders schön sind

BLATTPFLANZEN

Acer palmatum dissectum
Brassica oleracea 'Sekito'
Buxus sempervirens
Chamaecyparis nootkatensis 'Pendula'
Clivia miniata
Corydalis lutea
Euphorbia characias wulfenii
Hedera helix
Heuchera 'Palace Purple'
Hosta fortunei
H. sieboldiana
Juniperus scopulorum
Milum effusum
Ensete ventricosum
Myrtus communis
Zantedeschia aethiopica

◁ Blattpflanzen können genauso wirkungsvoll sein wie blühende Pflanzen. Unterschiedliche Formen und Farben der Hosta mit ihren breiten, gerunzelten Blättern und des Gierschs mit weißgrünen Blättern betonen hier eine Tür. Auch attraktive Töpfe spielen eine wichtige Rolle.

▷ **Dieser kleine erhöhte Bereich bietet Platz für viele Kräuter, darunter ein Lorbeerbäumchen (*Laurus nobilis*), Lavendel und Rosen. Töpfe sind gerade in kleinen Gärten wichtig, weil sie sich schnell umstellen lassen und je nach Blütezeit immer neue Attraktionen bieten.**

die großen Funkien mit dickfleischigen, blaugrünen Blättern, die rosettenartige, imposante Horste bilden und auch außerhalb der Blütezeit sehr eindrucksvoll sind. Die Blütenfarben reichen von Violett über Lavendel bis Weiß. In Rabatten wird die Hosta oft von Schnecken zerstört. Die Anpflanzung in einem Kübel bietet einen gewissen Schutz davor, besonders wenn der Kübel auf scharfkantigem Kiesgrund steht. Stellt man mehrere Funkien zusammen, hat man von Anfang Mai bis in den späten Herbst ein wunderschönes Arrangement.

Viele Blattpflanzen sind für Töpfe geeignet. Sehr schön sieht es aus, wenn Sie eine relativ langsamwachsende, immergrüne Pflanze in die Mitte eines Gefäßes setzen und darum herum jede Saison andere Blumen gruppieren. Ein Buchsbaum in Kugelform könnte beispielsweise in der Mitte stehen, umgeben von vielen Schneeglöckchen oder kleinen weißen Tulpen im Frühjahr, glänzenden, weißen Osteospermum im Sommer ('Whirlygig' ist besonders eindrucksvoll), gefolgt von Cyclamen im Herbst. Die strenge Form des Gefäßes läßt sich durch ein paar hängende Efeuzweige auflockern.

Selbst Bäume können in Behälter gepflanzt werden. Besonders geeignet ist der Japanische Ahorn (*Acer palmatum*) mit seinen filigranen, fächerförmigen Blättern. Die meisten Sorten haben eine herrliche Herbstfärbung und sind schon deshalb in jedem Garten eine besondere Attraktion. Leider sind diese recht teuren Bäumchen etwas windempfindlich und benötigen deshalb in freien Lagen (etwa auf einer Dachterrasse) unbedingt einen zusätzlichen Schutz.

Blühende Bäume und Sträucher

Brugmansia x *candida*
Camellia japonica
Cobaea scandens (Kletterpflanze)
Fuchsia 'Leonora'
F. 'Thalia'
Hibiscus rosa-sinensis
Hydrangea macrophylla
Magnolia stellata
M. x *soulangeana*
Nerium oleander
Paeonia lutea
Passiflora caerulea (Kletterpflanze)
Rhododendron yakushimanum
Rosa (Kletterpflanzen und Sträucher)

Blühende Pflanzen

Im Frühjahr können Sie eine wahre Blütenpracht durch farblich aufeinander abgestimmte Blumenzwiebeln zaubern – einfarbig, zweifarbig oder in sanften Pastelltönen. Setzen Sie eine größere Menge Tulpen oder Hyazinthen in einen Topf, haben Sie eine stärkere Wirkung, als wenn sie vereinzelt zwischen anderen Blumenzwiebeln auftauchen.

Im Sommer können Sie einen Rabatteneffekt erzeugen, indem Sie viele mit

▽ Töpfe lassen sich auf unterschiedlichste Weise gruppieren. Hier wird der verfügbare Platz durch das Gestell, das viele kleine Töpfe mit Stiefmütterchen trägt, optimal ausgenutzt.

Sommerblumen bepflanzte Gefäße gruppieren. Große Tabakpflanzen, Lilien, Allium, Achillea oder Cosmea können die hintere Reihe bilden und kleinere Pflanzen – Margeriten, Helianthemum, Pelargonien – stehen im Vordergrund. Auch hier ist es angebracht, eine bestimmte Farbzusammenstellung zu verfolgen, sanfte Töne – Hellblau, Rosa, Weiß und Silber – oder kontrastreiche Farben – vielleicht Gelb und Rot oder Violett und Orange, entsprechend den eigenen Vorlieben, den Bodenverhältnissen und der Lage des Gartens.

Wenn Sie größere Kletterer pflanzen möchten, müssen die Töpfe ausreichend Platz für die Wurzeln bieten. Die meisten Kletterer kommen aber mit einem Gefäß von etwa 45 cm Durchmesser aus. Die Pflanzen brauchen regelmäßig Wasser und während der Wachstumsperiode reichlich Dünger, weil sie sich in einem Topf nicht ausreichend mit Nähstoffen versorgen können – das ist Ihre Aufgabe.

Die allgegenwärtige Pelargonie steht im Mittelpunkt des sommerlichen Gartens. Es gibt sehr viele Formen und Farben, aus denen Sie wählen können, mit attraktiven zweifarbigen Blättern und unterschiedlichsten Blütenformen und -farben. Es lohnt sich, eine Spezialbaumschule aufzusuchen, wo man ganz ausgefallene Sorten erstehen kann. Dazu gehören *P. graveolens*, mit aromatischen, hellgrünen Blättern und einem buschigen Wuchs – gut geeignet für eine Topfbepflanzung und ein schöner Hintergrund für die leuchtenden Blüten anderer Sorten. Pelargonien lassen sich problemlos aus Stecklingen vermehren, so daß Sie Ihren Bestand schnell und mühelos vergrößern können.

Die neuen Züchtungen des Fleißigen Lieschens, die Neuguinea-Hybriden, sind ebenfalls empfehlenswert. Sie sind zwar

Blumenzwiebeln, Sommerblumen und Stauden

Allium christophii
Anemone x *hybrida*
Begonia
Brachyscome iberidifolia
Canna indica
Chrysanthemum
Clivia miniata
Dahlia
Dicentra spectabilis
Helleborus
Impatiens
Lantana camara
Lewisia
Lilium 'Regale'
Lobelia
Muscari armeniacum
Narcissus
Osteospermum
Pelargonium (viele Sorten)
Penstemon 'Andenken an Friedrich Hahn'
Petunia
Primula
Salvia sclarea turkestanica
Silene
Tulipa
Viola

◁ **Auch hier wurde die vertikale Fläche für eine Farbkomposition genutzt, die Rosatöne unterschiedlicher Pflanzen zur Wirkung bringt – Astern, Salbei, Fleißige Lieschen und Zierkohl. Die eingeschränkte Farbpalette läßt die Gesamtfläche wesentlich größer erscheinen.**

teurer als die normalen Sorten, aber ihre Wachstumsform, die Farbe und Form der Blätter und ihre Blüten sind erheblich auffälliger. Sie müssen allerdings sehr häufig gewässert werden, da sie sonst, anders als Pelargonien, schnell welken und absterben. Trotzdem sind sie eine exzellente Wahl für einen dunklen, engen Garten, da sie sich besonders im Schatten wohlfühlen.

Wandtöpfe und Hängekörbe

Hübsch bepflanzte Wandtöpfe und Hängekörbe können jeden mit hohen Mauern umgebenen Platz verwandeln, und es spricht eigentlich nichts dagegen, auch schattenliebende Pflanzen zu verwenden, wenn die Lage es verlangt. Farne und Pflanzen mit farnartigen Blättern wie Corydalis eignen sich besonders für dunkle, schattige Bereiche. Für sonnigere Lagen bieten sich zarte Pflanzen wie Verbenen und Diascia, Petunien, die Dreimasterblume (*Tradescantia*) und Kapuzinerkresse an. Stiefmütterchen, Begonien und Lobelien sind gleichermaßen geeignet für Hängekörbe, und natürlich auch Helichrysum und Nepeta. Sie erzielen eine weit größere Wirkung, wenn Sie nur wenige Pflanzen zusammensetzen und sich farblich einschränken – wenige, aufeinander abgestimmte Farbtöne sind viel effektvoller als das meist mit Hängekörben assoziierte, leuchtende Farbfeuerwerk.

Wasserliebende Pflanzen

▷ Am Teichrand, in feuchtem Boden, fühlen sich die weißblühende Calla (*Zantedeschia aethiopica*) mit ihren attraktiven langen Blättern und die Hosta (mit zweifarbigen Blättern im Vordergrund) besonders wohl. An diesem Standort sorgen schließlich Primeln in großen Büscheln für zusätzliche Farbe.

Einige Pflanzen fühlen sich in tiefem Wasser wohl, andere in flachem und wieder andere in recht feuchtem Boden. Auch in einem kleinen Garten läßt sich ohne allzu viel Aufwand ein stimmungsvoller Teich oder ein Sumpfbereich gestalten, wodurch Sie nicht nur einen weiteren Blickfang erhalten, sondern auch ganz spezifische Pflanzen ansiedeln können. Wenn Sie den Teich mit einer Folie auslegen, ist es möglich, am Rand zusätzlich eine Sumpfzone zu schaffen. Dadurch wird die Auswahl möglicher Pflanzen noch größer und der Teich wirkt natürlicher. Denn in der Natur befinden sich Teiche in sehr feuchter Umgebung, wo sich folglich auch eine Vielzahl von Sumpfpflanzen ansiedelt. (Leider werden Teiche oft an falscher Stelle im Garten angelegt, dort, wo es am trockensten und sonnigsten ist. Das wirkt eigentlich immer falsch und künstlich.)

Sumpf- und Uferpflanzen

Wenn Sie keinen Teich, sondern lieber einen Sumpfgarten anlegen möchten, stehen immer noch eine Menge von Pflanzen zur Wahl, die Staunässe und feuchten Boden bevorzugen. Der große Zierrhabarber *Rheum palmatum* fühlt sich in feuchter Erde wohl, vorausgesetzt, er wird gut gedüngt. Ligularia und Rodgersia sind dort ebenso zuhause wie einige Hostas und die große halbimmergrüne *Geranium palmatum*. Für feuchte Standorte ebenfalls geeignet sind die zarten Astilben, der düster wirkende (und giftige) Eisenhut, *Aconitum*, und viele Primelarten und -sorten mit Blüten in den unterschiedlichsten Farben. Primeln wirken eng zusammengepflanzt weitaus besser als vereinzelt zwischen anderen Pflanzen.

Gräser passen auch gut in eine solche Umgebung. Einige lieben feuchte Erde und lassen sich deshalb problemlos in

◁ Zu den schönsten Pflanzen für feuchte Standorte gehört *Iris laevigata* in Violett oder Gelb. Hier handelt es sich um die Sorte 'Atropurpurea'. Feuchtigkeitsliebende Pflanzen bilden meist große Horste, was bei der Gestaltung berücksichtigt werden sollte.

eine Sumpflandschaft aufnehmen. Dazu gehören vor allem das imposante Chinaschilf *Miscanthus sinensis* 'Zebrinus' und die Segge *Carex alata* 'Aurea', beide mit goldfarbenen Halmen.

In seichtem Wasser wachsen Iris gern, besonders die japanischen Sorten wie *Iris ensata* oder *I. laevigata*. Diese haben nicht nur sehr schöne Blüten in zarten Blau-, Violett-, Creme- oder Gelbtönen, sondern auch immergrüne, schwertförmige Blätter. Gleichermaßen geeignet für flache

Binsen, Seggen und Gräser

Acorus calamus 'Variegatus'
Arundo donax
Carex alata 'Aurea'
Cyperus alternifolius
Miscanthus sinensis 'Zebrinus'
Phalaris arundinacea
Scirpus tabernaemontani 'Zebrinus'

Sumpfpflanzen

Artemisia lactiflora
Astilbe x arendsii
Astilboides tabularis
Eupatorium purpureum
Filipendula palmata
Hosta fortunei
H. sieboldiana
Iris ensata
I. laevigata
I. sibirica
Lythrum salicaria
Persicaria bistorta 'Superba'
Primula florindae
P. japonica
Rheum palmatum
Rodgersia tabularis
Trollius europaeus

Gewässer sind die gelben Sumpfdotterblumen (*Caltha palustris*) und das Hechtkraut mit seinen länglichen, glänzenden Blättern und kolbenartigen, leuchtendblauen Blüten.

„Schwimmende" Pflanzen

Wenn der Teich mindestens einen Meter tief ist, können Sie auch einzigartig schöne Seerosen in den unterschiedlichsten Farben anpflanzen. Die Zwergseerose *Nymphaea tetragona* kann sogar in flacheren Teichen mit einer Tiefe von 30 cm gedeihen. Auch sie gibt es in mehreren Farben, aber die weitverbreitete weiße Sorte ist die attraktivste. In tiefem Wasser fühlt sich die Wasserähre (*Aponogeton distachyos*) wohl, die auch mit schattigeren Lagen als die Seerose zurechtkommt. Sie hat leuchtendgrüne, breit lineare Blätter, die auf der Wasseroberfläche ähnlich wie Seerosenblätter schwimmen. Die Blüten sind weiß und ährenförmig und liegen flach auf dem Wasser. Ihre Blütezeit ist erstaunlich lang.

Unterwasserpflanzen

Um Fische in einem Teich halten zu können, benötigen Sie einige sauerstoffproduzierende Pflanzen (die eigentlich in keinem Teich fehlen sollten, weil sie das Wasser sauberhalten). Es gibt viele solcher Gewächse. Zu den bekanntesten gehört das Laichkraut *Potamogeton crispus*. Die Wassserfeder *Hottonia palustris* ist eine der hübschesten Unterwasserpflanzen, mit farnartigen Blättern und hohen Blütentrauben in weißrosa, die sich über die Wasseroberfläche erheben.

Wasserpflanzen und Sauerstoffbildende Pflanzen

Aponogeton distachyos
Eichhornia crassipes
Hottonia palustris
Hydrocharis morsus-ranae
Nuphar lutea
Nymphaea alba
N. 'Escarboule'
N. tetragona
Orontium aquaticum
Potamogeton crispus
Ranunculus aquatilis
Trapa natans

Pflanzen für schattige Standorte

▽ Zusammen mit anderen schattenliebenden Pflanzen sind hier Ligularien um einen alten Baum in einer Gartenecke gruppiert. Die Sorten *L. dentata* 'Desdemona' und *L. tangutica* 'The Rocket' haben große Blätter und leuchtend gold- oder orangefarbene Blüten im Sommer.

Obwohl es nur sehr wenige Pflanzen gibt, die in tiefem Schatten gedeihen können – vor allem Efeus – gibt es doch viele Arten, die mit Halbschatten oder überwiegend schattigen Standorten zurechtkommen. Einige Pflanzen lieben trockenen Schatten und andere feuchten. Vorausgesetzt, Sie sind bereit, die jeweils geeigneten Pflanzen herauszufinden, können Sie auch unter relativ ungünstigen Bedingungen einen wunderschönen, faszinierenden Garten anlegen.

Wenn es Ihnen wichtig ist, Ihren Garten wirksam abzuschirmen, und Sie deshalb Bäume und große Sträucher gepflanzt haben, sind die darunter liegenden Bereiche prädestiniert für schattenliebende kleinere Sträucher und Stauden. Es ist sogar sehr empfehlenswert, auch in einem kleinen Garten mindestens einen großen Strauch oder einen kleinen Baum zu pflanzen, um so die Voraussetzungen für schattenliebende Gewächse zu schaffen und damit die Auswahl der für den Garten geeigneten Pflanzen zu erweitern.

In einem kleinen Garten erhält man kaum sehr feuchten Schatten, es sei denn, Sie leben in einer Region mit extrem häufigen Regenfällen. In einem Stadtgarten

Kleine schattenliebende Pflanzen

Alchemilla mollis
Corydalis lutea
Epimedium grandiflorum
Geranium macrorrhizum
G. phaeum
Hedera helix (Kletterpflanze)
Hepatica
Impatiens (Neuguinea-Hybriden)
Pulmonaria longiifolia
Symphytum grandiflorum

▷ **Hostas, Farne, Bambus und Ahorn eignen sich gut für halbschattige Gärten. Hier sind sie in einer fernöstlich anmutenden Anlage kombiniert. Gut passen auch die großen Steinplatten und Kiesel in dieses Bild.**

hat man es eher mit trockenen Schattenbereichen zu tun, die Sie überwiegend auch so akzeptieren müssen. Der Bereich unterhalb einer Baumkrone erhält weniger Regen als der restliche Garten, so daß der Boden dort besonders trocken ist.

Glücklicherweise gibt es eine Reihe geeigneter attraktiver Pflanzen, die jedoch nicht in alle Gestaltungsrahmen passen. Auf die leuchtenden Farben vieler Sommerblumen müssen Sie verzichten. Statt dessen können Sie ebenso außergewöhnliche schöne Blattpflanzen und einige blühende Stauden wählen, die sich unter diesen Bedingungen wohl fühlen. Die Farben sind allerdings blasser – vorwiegend Creme- und Hellblautöne. Ein weißgrüner Garten – das mögliche Ergebnis einer solchen Bepflanzung – paßt hervorragend in eine städtische Umgebung und strahlt Ruhe und Geborgenheit aus. Hat sich das Auge erst einmal an ein solches Konzept gewöhnt, werden Sie eine große Vielfalt an Formen und Strukturen bemerken – alles spezifische Merkmale schattenliebender Pflanzen.

Einige der Pflanzen, die in trockenem Schatten gedeihen, sind bereits an anderer Stelle vorgestellt worden, vor allem als besonders strukturgebend, da sie über ausgesprochen schöne Formen und Blätter verfügen. Die Hosta ist wohl die bedeutendste schattenliebende Pflanze und sollte in keinem schattigen Garten fehlen. Größere schattenverträgliche Pflanzen sind *Acanthus mollis*, die großblättrigen Bergenien, hohe Fingerhüte (*Digitalis*), Helleborus-Arten und das Salomonssiegel (*Polygonatum*).

Zu den niedrigen Pflanzen, die sich im Schatten ebenfalls besonders wohlfühlen, gehören Günsel (*Ajuga*), Anemonen und Cyclamen, die hübsche, gefleckte Taubnessel (*Lamium maculatum*) und das stark wuchernde Immergrün *Vinca minor* mit blauen Blüten. Weitere mögliche Kandidaten sind auch Epimedium mit herzförmigen Blättern und zierlichen Blüten und *Tiarella cordifolia* mit zarten Blütentrauben.

Mittelgrosse schattenliebende Pflanzen

Acanthus mollis
Aconitum (giftig)
Digitalis purpurea (giftig)
Dryopteris filix-mas
Euphorbia
Helleborus argutifolius
Hemerocallis
Polypodium vulgare
Polystichum setiferum
Rodgersia
Trachystemon orientalis

▽ Blühende Ligularien in einer schattigen Ecke. Sie fühlen sich in feuchtem Boden wohl und wirken am besten in Kübeln oder wie hier in großen Horsten. Im Topf müssen sie regelmäßig kräftig gewässert werden.

Schattenliebende Sträucher

Elaeagnus pungens
Hydrangea quercifolia
Ligustrum japonicum
Rhododendron
Skimmia japonica
Mahonia x *media* 'Charity'
Taxus baccata

Pflanzen für schattige Mauern

Zum Beranken schattiger Mauern eignet sich Efeu besonders, obwohl die gelbgrünen oder silbergrünen Sorten ohne Sonnenlicht bald wieder nur grüne Blätter hervorbringen. Geeignet sind auch viele Schlingpflanzen und Zierweine. *Clematis montana* und *C. alpina* können an einer nördlichen Mauer gepflanzt werden. *Euonymus fortunei* gedeiht als Strauch vor einer schattigen Mauer genauso wie *Garrya elliptica. Cotoneaster horizontalis, Humulus lupulus* 'Aureus' und *Lathyrus latifolius*, die Staudenwicke, kommen mit halbschattigen Lagen zurecht, und selbst *Passiflora caerulea*, meist als sonnenliebend bekannt, kann auch an einer schattigen Mauer wachsen, obwohl sie

▷ **Zu den exotischeren Pflanzen, die schattenverträglich und nur für milde Regionen geeignet sind, gehören Baumfarne und Engelstrompeten. Beim Arrangieren von Kübelpflanzen sollte auch auf unterschiedliche Blattformen und -größen geachtet werden, so daß sie auch nach der Blüte interessant sind.**

nicht so groß wird und weniger und kleinere Blüten trägt als in voller Sonne.

Am Fuße einer Mauer, dort, wo es am schattigsten ist, können Farne gepflanzt werden, die besonders gut nebeneinander angeordnet wirken. Für *Helleborus argutifolius*, die imposante immergrüne Nieswurz mit grünlichen Blüten, und für viele Euphorbia-Arten reicht ein halbschattiger Standort aus. Auch die große immergrüne *Geranium phaeum* mit ihren schön geteilten Blättern ist für einen solchen Platz geeignet.

Waldpflanzen

Möchte man einen Miniaturwald im eigenen Garten anlegen, kann aus einer großen Palette von Pflanzen gewählt werden, die auch in der Natur unter ähnlichen Bedingungen gedeihen. Das Lungenkraut (*Pulmonaria*) gehört zu den schönsten Pflanzen für Gehölzbereiche. Seine gesprenkelten Blätter und glockenförmigen rosalila Blüten wirken besonders in großen Horsten. Auch das duftende Maiglöckchen fühlt sich in jedem Wald wohl, ebenso die winterharten Cyclamen mit zweifarbigen Blättern. Unter idealen Bedingungen vermehren sich beide schnell und werden so zu bunten Bodendeckern.

Es gibt mehrere schattenliebende Pflanzen, die nach einigen Jahren große Horste bilden. Dazu gehört das Leberblümchen mit seinen bronzefarbenen Blättern und leuchtend blauvioletten Blüten sowie die weiß oder rosa blühenden Japanischen Anemonen. Gut für trockene Laubböden geeignet ist auch die Corydalis mit ihren geteilten farnähnlichen Blättern.

Es lohnt sich immer, kleine Blumenzwiebeln wie Schneeglöckchen oder Traubenhyazinthen zu setzen, die sich gerade im Halbschatten, um einen Baumstamm herum, besonders wohl fühlen. Einige Narzissen-Sorten, die zarter als die großen Osterglocken sind, entwickeln sich dort ebenfalls gut. Auf keinen Fall sollte man auf die beliebten *Scilla campanulata* verzichten. Diese sehen besonders schön unter einigen großen Stauden von *Helleborus argutifolius* aus.

Schattenliebende Bodendecker

Ajuga reptans
Bergenia
Epimedium
Farne (diverse)
Euonymus
Hedera helix
Lamium maculatum
Pachysandra terminalis
Soleirolia
Tellima grandiflora
Tiarella cordifolia
Tolmiea menziesii
Vinca minor

Pflanzen für sonnige, trockene Lagen

Es gibt eine große Anzahl von Gewächsen, überwiegend aus dem mediterranen Bereich, die sonnige, trockene Standorte bevorzugen. Diese Pflanzen sind ideal für heiße, sonnengebadete Höfe, Dachgärten oder auch einen Südbalkon. Weil sie in ihrer natürlichen Umgebung so gut mit trockenen Bedingungen zurechtkommen, brauchen diese Pflanzen erstaunlich wenig Pflege und gedeihen überraschend gut auch auf kargem Boden. Viele mediterrane Pflanzen haben schöne silbrige Blätter, was Sie eventuell als Farbthema ausnutzen können, vielleicht auch in Verbindung mit anderen Gewächsen, die interessante zweifarbige Blätter haben.

Zu den besten Pflanzen für helle, sonnige und trockene Lagen gehört der Beifuß (*Artemisia*), der in vielen Formen und Größen erhältlich ist. Der hübsche, etwas empfindliche *Convoluvus cneorum* mit attraktivem blaugrünen Laub und weißen Blüten mit gelber Mitte eignet sich ebenfalls. Federnelken lieben heiße, sonnige Standorte, und die stark duftenden Sorten wie 'Mrs Simkins' sind überall beliebt. Auch Potentilla in vielen verschiedenen Formen und Farben, von recht großen Sträuchern bis zu kleinen polsterförmigen

Mittelhohe Pflanzen für sonnige Lagen

Achillea
Agapanthus africanus
Anthemis punctata cupaniana
Alstroemeria-Hybriden
Centaurea
Crambe cordifolia
Crocosmia
Cynara cardunculus
Euphorbia
Gladiolus
Kniphofia
Lavandula
Linum
Papaver
Penstemon
Perovskia
Phlomis
Phygelius
Salvia sclarea turkestanica
Verbascum

◁ Sukkulenten wie Agaven und Echeveria lieben warme, sonnige Plätze, ebenso wie Sedum und Saxifraga und die meisten mediterranen Kräuter, einschließlich Thymian und Majoran. Der Boden muß allerdings wasserdurchlässig sein.

◁ Zwischen den Kieselsteinen am Rande dieser Terrasse wachsen viele die Trokkenheit liebende Pflanzen wie Katzenminze, Frauenmantel, Disteln und Anchusa. Steingärten sind für mediterrane Pflanzen ideal, weil diese warme, sonnige und trockene Lagen bevorzugen.

Bodendeckern, fühlen sich auf sonnig trockenem Boden wohl.

Ruta graveolens ist eine weitere Blattpflanze mit stark aromatischen, geteilten blaugrünen Blättern; zu den bekanntesten Sorten zählt 'Jackman's Blue'. Ebenfalls eine Kräuterart mit aromatischem, silbrigem Laub ist *Santolina chamaecyparis,* gut geeignet als Beeteinfassung, da sie sich problemlos beschneiden läßt. Einen größeren Strauch (etwa 1,20 m) mit silbrigen Blättern bildet *Brachyglottis laxifolia.* Er kann am Rand einer Terrasse gepflanzt werden, wo er sich dann teilweise über den Bodenbelag ausbreitet. Auch Lavendel eignet sich gut als Einfassung von Wegen und Beeten; bei regelmäßigem Rückschnitt erhält er seine buschige Form.

Von den größeren Sträuchern liebt vor allem die *Buddleja* leichte Erde und sonnige Lagen. *B. alternifolia* 'Argentea' hat attraktive silbrige Blätter und lavendelfarbige duftende Blüten im Sommer.

Pflanzen für Spalten und Nischen

Wenn Sie im Garten eine sonnige, gepflasterte Terrasse haben, können Sie kleine Spalten zwischen den Steinen mit vielen sonnenhungrigen Stauden bepflanzen, durch die die strenge Wirkung der Fläche aufgelockert wird. Auch Lücken in einer Mauer lassen sich so ausfüllen. Flache Steintröge und Gefäße sind ebenfalls ideal für kleine sonnenliebende Stauden.

Am besten geeignet für sonnige Spalten und Lücken sind die Zwergformen von Saxifraga und Sedum, die sich in trockener, nährstoffarmer Erde wohlfühlen. Sie haben große, fleischige Blätter zum Speichern der Feuchtigkeit und bilden attraktive Kissen. Während der Blütezeit werden sie zu leuchtenden Farbtupfern. Für die Spalten und Fugen zwischen Steinplatten eignen sich auch die Erigeron-Sorten wie *Erigeron karvinskianus*, mit einem Meer aus rosafarbenen bis weißen, margeritenähnlichen Blüten. Gut geeignet für die Lücken zwischen Steinen sind niedrige Glockenblumen, die sich vielfach wie die größere *Alchemilla mollis*, mit samtigen Blättern und grünlichgelben Blüten, selbst aussäen. Zwischen großen Steinen und in Mauerspalten kann auch eine *Soleirolia soleirolii* hübsch aussehen.

Kleine Pflanzen für Steine und Spalten

Acaena
Achillea (Zwergformen)
Anemone fulgens
Armeria
Aubrieta
Aurinia
Dianthus
Diascia
Erigeron karvinskianus
Geranium (Zwergformen)
Helianthemum
Incarvillea
Lewisia
Origanum
Oxalis
Potentilla (Zwergformen)
Raoulia
Sedum
Sempervivum
Silene
Thymus

Pflanzen für Naturgärten

Heutzutage versucht fast jeder, ökologisch bewußt zu planen, und selbst wenn man nicht den gesamten Garten in ein „wildes" Refugium verwandeln möchte, sollte man doch überlegen, ob nicht ein Bereich für Pflanzen reserviert werden könnte, die als Nahrung und Zuflucht für Vögel, Schmetterlinge und Insekten dienen. Zumindest einige solcher Gewächse sollten in keinem Garten fehlen – ganz gleich wie klein er ist.

Es ist erstaunlich, wie einfach nützliche Pflanzen anzusiedeln sind. Häufig handelt es sich dabei um Arten, die auch in der Natur problemlos gedeihen. Die einfache Brennessel, die Nahrung für viele Raupen bietet, wird von den meisten Gärtnern sofort nach Erscheinen ausgerottet. Trotzdem ist sie eine sehr nützliche Pflanze und sollte zumindest in einer kleinen Ecke neben dem Kompost erlaubt sein.

Will man aus einem normalen Garten eine naturnahe, ökologisch wertvolle Anlage machen, geht man am besten in kleinen Schritten vor. Verfügt der Garten über eine Rasenfläche, eingerahmt von Sträuchern und Stauden, können Sie zuerst für Schmetterlinge attraktive Blumen in Kübel setzen – Thymian, Lavendel, Tabakpflanzen und Petunien. Zwischen Steinen lassen sich dann Alyssum, Grasnelken und Glockenblumen ansiedeln.

Wildblumenwiesen

Steht genügend Platz zur Verfügung, können Sie den hinteren Rasenbereich in eine kleine Wiese mit Wildblumen verwandeln, indem Sie eine Mischung aus Wildblumen und Gräsern ansäen und diese Fläche nur zweimal im Jahr mähen, und zwar im Hochsommer und im Spätsommer. Ist der Bereich groß genug, können Sie einen schmalen Streifen in der Mitte mähen, um einen schönen Weg durch die Blumenwiese zu erhalten.

Zu den Wildblumen, die gut im Gras gedeihen, zählen unter anderem Klatschmohn (*Papaver rhoeas*), Kornblumen (*Centaurea cyanus*), Flockenblumen (*Centaurea nigra*), Schafgarbe (*Achillea millefolium*) und Wiesenmargeriten (*Leucanthemum vulgare*). Kleinere Wildpflanzen wie Gänseblümchen, Butterblumen und Kuhblumen sind für niedriges Gras geeignet. In einem naturnahen Garten müssen Sie sich nicht mehr Gedanken über „Unkräuter" im Rasen machen – Ziel ist es, das Wachstum dieser Pflanzen eher zu fördern als zu unterbinden.

Ein weiterer Vorteil von Wildblumenwiesen im Vergleich zu „gepflegten" grünen Rasenflächen besteht darin, daß Wildblumen besser mit kargem als stark gedüngtem Boden zurechtkommen, so daß auf alle Rasendüngemittel verzichtet werden kann. Wenn die Erde aber bereits sehr nährstoffreich ist, sollten Sie beim Mähen den Schnitt einsammeln, um die Erde langsam nährstoffärmer zu machen, so daß Sie Wiesenmargeriten, Flockenblumen, wilde Akelei, Schabenkraut und Klee einfacher ansiedeln können. Diese Blumen locken viele Bienen und Schmetterlinge in den Garten – wilder Majoran und Disteln sorgen für Nahrung im Sommer, und Klee ist der ideale Pollenlieferant für Hummeln und Bienen.

Pflanzen für eine Blumenwiese

Achillea millefolium (Schafgarbe)
Bellis perennis (Gänseblümchen)
Cardamine pratensis (Wiesenschaumkraut)
Centaurea cyanus (Kornblume)
C. scabiosa (Flockenblume)
Cirsium aucule (Zwergdistel)
Knautia arvensis (Wiesenknautie)
Leucanthemum vulgare (Wiesenmargerite)
Papaver rhoeas (Klatschmohn)
Primula veris (Schlüsselblume)
Ranunculus acris (Butterblume)
Sanguisorba officinalis (Wiesenknopf)
Tanacetum parthenium (Margerite)
Taraxacum officinale (Kuhblume)
Veronica chamaedrys (Ehrenpreis)

◁ Diese Gartenecke weist viele sich selbst aussäende Pflanzen auf wie Fingerhut, Primeln und Skabiosen, inmitten von beliebten Bauerngartenblumen wie Stiefmütterchen und Phlox. Ein Garten mit „Wildblumen" erfordert relativ wenig Arbeit – ein großer Vorteil für vielbeschäftigte Stadtbewohner.

◁ Dieser Gartenbereich in Silber und Weiß hat als Attraktion eine schöne *Agave americana* in einer Steinurne. Sie ist umgeben von Petunien, Alyssum und Spornblumen (*Centranthus ruber*), alles sonnenliebende Pflanzen. Unterschiedliche Blattfarben ergänzen das Thema.

PFLANZEN FÜR BIENEN UND SCHMETTERLINGE

Achillea millefolium (Schafgarbe)
Aster novae-angliae (Rauhblattaster)
Buddleja davidii (Schmetterlingsstrauch)
Cardamine pratensis (Wiesenschaumkraut)
Centaurea cyanus (Kornblume)
Digitalis purpurea (Fingerhut)
Dipsacus fultonum (Karde)
Epilobium angustifolium (Weidenröschen)
Lavandula angustifolia (Lavendel)
Rudbeckia fulgida (Sonnenhut)
Salvia officinalis (Salbei)
Solidago canadensis (Goldrute)
Symphytum officinale (Comfrey)

Vögel und Insekten
Wenn Sie einen Teich im Garten anlegen möchten, sollten Sie darauf achten, daß zumindest eine Stelle so seicht ist, daß Vögel, kleine Kriechtiere und Eichhörnchen daraus trinken können. Die Reste einer Teichfolie eignen sich gut, um eine Uferfläche anzulegen, die, mit Bodendeckern bepflanzt, vielen kleinen Tieren einen Unterschlupf bieten kann. Ist kein Teich vorhanden, sollten Sie flache Schalen mit Wasser für die Vögel aufstellen.

▷ **Dieser ungezwungene Garten wirkt sehr natürlich durch die Rosen und Bodendecker, von denen die kleine Rasenfläche eingerahmt wird. Derartige Pflanzungen erfordern relativ wenig Pflege, lediglich der Rasen muß regelmäßig geschnitten werden. Um den Aufwand zu minimieren, könnte man diese Fläche pflastern.**

Wildgräser

Agrostis tenuis
Alopecurus pratensis
Anthoxanthum odoratum
Briza media (Zittergras)
Cynosurus cristatus
Festuca rubra communta
F. r. rubra
Hordeum secalinum
Poa pratensis
Trisetum flavescens

Für Vögel, Bienen und Schmetterlinge sind Pflanzen wichtig, die entweder Nektar erzeugen oder Beeren bilden. Für eine reichliche Nektarproduktion sind Klee (*Trifolium*), Thymian (*Thymus*), Heide (*Erica*), Königskerze (*Verbascum*) und Schafgarbe (*Achillea*) bekannt. Eberesche, Weißdorn und Stechpalme tragen prächtigen Beerenschmuck, und die folgenden Sträucher und Bäume laden jeden Vogel zu einem Festmahl aus Beeren und Samen ein: Kirschen, Jelängerjelieber, Liguster (*Ligustrum vulgare*), Schneeball, Feuerdorn und Cotoneaster. Zu den besonders „vogelfreundlichen" Stauden gehören weiße Zaunrüben, die wilde Calla, mit sehr schönen Blättern, sowie Vergißmeinnicht – wegen ihrer Samen, – Disteln, Nesseln und Karden.

Ein kleiner, waldähnlicher Bereich oder zumindest ein paar Bäume sorgen dafür, daß der Garten häufig von Vögeln besucht wird. Besonders geeignete Bäume sind Birke, Wildkirsche (*Prunus avium*), Wildapfel (*Malus pumila*), Weißdorn (*Crataegus*), Holunder (*Sambucus nigra*) und Hainbuche (*Carpinus betulus*). Die Buche ist auch ideal als Heckenpflanze oder Windschutz und wird gern von Vögeln als Nestplatz gewählt. Außerdem läßt sich durch eine Buchenhecke gut der „wilde" Teil des Gartens vom „gepflegten" Bereich in Hausnähe abtrennen. Unter dem grünen Dach der Bäume fühlen sich dann so bekannte Waldpflanzen wie das Immergrün (*Vinca*), Schöllkraut (*Chelidonium*), Hundszahn (*Erythronium dens-canis*), Primeln, Veilchen, Maiglöckchen, Anemonen (*Anemone blanda*) und Blattpflanzen wie *Tellima grandiflora* und *Epimedium* wohl.

Duftende Pflanzen

▽ Zu den schönsten duftenden Pflanzen gehören Rosen, die hier einen kleinen Eßplatz einrahmen. Kletterrosen eignen sich zusammen mit Geißblatt für solche Bereiche besonders gut.

Wenn es etwas gibt, das in keinem Garten fehlen sollte, dann ist das wohl unbestritten der Duft. Zwar ist er oft so gering, daß er kaum bemerkt wird, aber er erfüllt doch jeden Garten mit einem Zauber, der unschätzbar ist, besonders als Gegengewicht zu den weniger erfreulichen Gerüchen.

Viele Pflanzen verfügen über Duft, und oft sind es nicht nur die Blüten, die ihn ausströmen. Bei einigen Pflanzen sind die Blätter stark aromatisch – so bei Salbei (*Salvia*), Thymian (*Thymus*) und Minze (*Mentha*). Kräuter gehören zu den Pflanzen mit dem stärksten Duft. Wenn Sie eine sonnige Ecke im Garten haben, lohnt es sich auf jeden Fall, eine kleine Kräutersammlung anzulegen (die bekanntesten Kräuter sind auf den Seiten 103 – 105 beschrieben). Sie sind nicht nur nützlich für die Küche, sondern auch sehr dekorativ und duftend – gut geeignet also für einen kleinen Garten.

Rosen und andere Kletterpflanzen

Wenn Sie jemanden darum bitten, duftende Pflanzen zu nennen, werden Rosen meist als erstes aufgeführt. Es gibt so viele verschiedene Arten und Formen besonders stark duftender Rosen, daß es schwer fällt, eine Wahl zu treffen. Es ist deshalb hilfreich, sich einen allgemeinen Überblick über die verschiedenen Rosenarten zu verschaffen. Zahlreiche Bücher

◁ **Wisterien müssen stark zurückgeschnitten werden, andernfalls geraten sie außer Kontrolle und blühen unzureichend. Die diesjährigen Triebe werden im Spätsommer gekürzt und dann im Winter auf ca. 5 cm zurückgeschnitten. Ziel ist es, die Zweige horizontal zu erziehen.**

beschäftigen sich ausschließlich und ausführlich mit der Klassifizierung von Rosen, aber für den Gartenanfänger reicht meist eine Einteilung in Kletterrosen, Buschrosen, Edelrosen und Zwergrosen. Außerdem ist es interessant zu wissen, daß es alte Rosen gibt, die schon jahrhundertelang gezüchtet werden, und moderne Arten, zu denen auch die Zwergrose gehört. Ziel moderner Züchtungen ist es, so viele gute Eigenschaften wie möglich in einer neuen Rose zu vereinen – starker Duft, reiche Blüte, schöner Wuchs und gesundes Laub. Trotz vieler Anstrengungen sind die alten Rosen immer noch kaum zu übertreffen. Jeder hat seine bestimmten Lieblingsrosen, aber in einem kleinen Garten kann man mit Kletterrosen wenig falsch machen, weil sie die größtmögliche Blütenfülle auf kleinster Fläche bieten.

Es gibt viele verschiedene Kletterrosen, auch sehr stark wachsende, sogenannte Rambler-Rosen wie 'Rambling Rector', 'Kiftsgate' und 'Bobbie James', die problemlos Bäume und Gebäude mit einer Höhe von zehn Metern überranken können. Außerdem existieren zurückhaltendere Kletterer, die einen schönen Rahmen für einen Eingang bilden können. Rosen benötigen in der Regel viel Sonne und bevorzugen schwere Lehmböden mit organischem Dünger. Zu den bekanntesten Kletterrosen gehören 'New Dawn' – eine neue, zartrosa Rose, und 'Marigold' – eine halbgefüllte, gelbe Rose; beide duften gut. Die weiße, rosa angehauchte, stark duftende 'Madame Alfred Carrière' ist ebenfalls eine gute Wahl. Außer den vielen Rosen mit duftenden Blüten gibt es auch Arten, deren Laub aromatisch duftet, wie bei der *Rosa primula*.

Andere Kletterpflanzen verströmen ebenfalls einen angenehmen Duft, dazu gehören vor allem viele Geißblatt-Arten (es gibt allerdings auch nicht duftende Arten). *Lonicera fragrantissima* ist fast immergrün und hat stark duftende, cremeweiße Blüten im Winter und im Frühjahr. Die laubabwerfende *L. periclymenum* 'Serotina' duftet ebenfalls stark. Auch die schönen Jasmine verströmen einen sehr starken Duft. Besonders der weißblühende *Jasminum officinale* kann einen ganzen Garten mit seinem süßlichen Duft erfüllen.

Duftende Sträucher und Kletterpflanzen

Brugmansia (syn *Datura*) (Sommer)
Buddleja (Sommer)
Chimonanthus praecox (Winter)
Daphne bholua, D. odora (Winter)
Elaeagnus pungens (Herbst)
Hamamelis mollis (Winter)
Jasminum officinale (Sommer)
Lavandula (Sommer)
Santolina (aromatische Blätter)
Salvia (aromatische Blätter)
Magnolia grandiflora (Sommer)
Myrtus communis (Sommer)
Philadelphus 'Beauclerk' (Spätfrühling)
Rosa (Sommer)
Sarcococca (Winter)
Syringa (Spätfrühling)
Viburnum x *bodnantense* 'Dawn' (Winter)

▽ **Einige Magnolien haben zusätzlich zu ihren exquisiten Blüten einen herrlichen Duft, und das zu einer Zeit, wo wenig im Garten blüht. Von den vielen Arten eignen sich besonders für kleinere Gärten *M. stellata* und *M. soulangena.***

Duftende Sträucher und Bäume

Ein winterblühender duftender Strauch macht jeden Garten zu etwas ganz Besonderem. *Chimonanthus praecox*, auch Winterblüte genannt, hat würzig duftende, hellgelbe Blüten, die im Winter an den noch kahlen Zweigen erscheinen. Die Zaubernuß, *Hamamelis mollis*, zeigt ebenfalls im Winter ihre kleinen gelben, süßduftenden Blüten. *H. m.* 'Pallida' bildet dichte Büschel blaßgelber Blüten mit roter Basis. Andere schöne im Winter duftende Sträucher sind die hübschen rosaviolett blühenden Seidelbaste wie *Daphne bholua*, und *Sarcococca* mit kleinen, glänzenden Blättern und weißen, unscheinbaren, aber stark duftenden Blüten.

Gut duftende Sträucher, die zu anderen Jahreszeiten blühen, sind der Sommerjasmin (*Philaldelphus*) mit Wolken süß-aromatischer, weißer Blüten, Flieder (mit weißen, roten oder lila Blüten) und einige Schneeball-Arten wie der laubabwerfende *Viburnum* x *burkwoodii*. Eine besondere Attraktion auf begrenzter Fläche ist die kleine *Magnolia stellata*. Sie trägt im Frühling wunderschöne, sternförmige weiße Blüten, die zudem noch stark duften. 'Royal Star' hat größere Blüten und 'Rosea' rosafarbene. Wenn der Boden recht sauer ist, können Sie einige der duftenden Azaleen pflanzen, wozu auch *Rhododendron luteum* zählt, mit leuchtendgelben Blüten im späten Frühjahr

◁ **Der starke Duft von Lilien, besonders von Lilium regale, rosa gestreiften Stargazer-Nelken und Tabakpflanzen (*Nicotiana*) hat an einem warmen Sommerabend eine fast überwältigende Wirkung.**

Duftende einjährige Pflanzen, Stauden und Blumenzwiebeln

Cheiranthus cheiri (Frühling)
Convallaria majalis (Frühling)
Dianthus 'Mrs Simkins' (Sommer)
Freesia (Frühling)
Hyacinthus (Frühling)
Iris unguicularis (Herbst)
Lathyrus odoratus (Sommer)
Lilium 'Regale' (Sommer)
Malcolmia (Sommer)
Matthiola (Sommer)
Narcissus (Frühling)
Nicotiana (Sommer)
Pelargonium (teilweise mit aromatischen Blättern) (Sommer)
Primula (Frühling)
Thymus (aromatische Blätter)

und einer schönen Laubfärbung im Herbst. Aber nicht alle Azaleen bzw. Rhododendren sind duftend.

Zu den Bäumen mit duftenden Blüten zählen einige Zierkirschen, unter anderem die Japanische Zierkirsche *Prunus* 'Amanogawa', die ideal für kleine Gärten ist und halbgefüllte, rosa Blüten trägt. Die Traubenkirsche, *P. padus*, hat im Frühling nach Mandeln duftende, weiße Blüten, ebenso *P.* 'Shirotae' und *P.* x *yedoensis.*

Weitere duftende Pflanzen

Es gibt auch eine Vielzahl Stauden, Blumenzwiebeln und einjährige Sommerblumen mit herrlichem Duft. Zu den am stärksten duftenden gehören die Nelken, vor allem die beliebte Federnelke 'Mrs Simkins', Levkojen (*Matthiola*), Tabakpflanzen (*Nicotiana*) und Blumenzwiebeln wie Narzissen und Freesien. In keinem Garten sollte eine Ecke mit Goldlack fehlen, denn es gibt kaum einen vergleichbaren Duft im späten Frühjahr. Einjährige Wicken, besonders die alten Sorten, verströmen ebenfalls einen starken, süßlichen Duft und sind außerdem gut als Schnittblumen geeignet. Sie können an jedem Spalier, Zaun oder Maschendraht empor ranken und nehmen so kaum Platz in Anspruch. Lilien gehören mit zu den am stärksten duftenden Blumen, einige Arten (beispielsweise *Lilium regale*) verströmen einen fast betäubenden Duft.

Gemüse, Kräuter und Obst

▽ Tomaten gehören zu den dankbarsten „eßbaren“ Pflanzen. Sie benötigen wenig Platz, brauchen aber eine sonnige Stelle im Garten, viel Wasser und regelmäßig Dünger.

Zu den größten Freuden eines jeden Gärtners zählt es, Gemüse im eigenen Garten zu ernten. Nichts schmeckt besser als selbst die kümmerlichste Karotte, wenn man sie aus Samen gezogen und langsam heranwachsen gesehen hat. Natürlich können Sie einen kleinen Stadtgarten vollständig in einen Nutzgarten umwandeln, vorausgesetzt, er erhält ausreichend Sonne. Falls Sie Gemüse anbauen möchten, muß der Boden genügend Nährstoffe für die teilweise starkzehrenden Gemüsearten enthalten. Als Alternative bietet sich an, einen Bereich als Fläche für Obst, Kräuter und Gemüse abzutrennen oder wie in einem Bauerngarten die Nutzpflanzen zwischen die Blumen zu setzen.

Gemüse

Zu den wichtigsten Voraussetzungen für eine gute Gemüseernte zählt neben Sonne und Wasser eine humusreiche Erde. Die einfachste Möglichkeit, die Bodenqualität zu verbessern, besteht darin, einen Komposthaufen anzulegen, um so Humus aus Abfällen zu erhalten. Die Anlage eines Komposthaufens ist eine Kunst für sich (Hinweise finden Sie auf Seite 112). Bei Gemüse sollte man beachten, daß jährlich die Fruchtfolge gewechselt werden muß. Starkzehrer wie beispielsweise Kohl, Porree oder Gurken dürfen nicht jedes Jahr auf derselben Stelle wachsen, da sie sonst die Erde einseitig auszehren und sich Krankheiten schneller ausbreiten.

In einem kleinen Garten ist es sinnvoll, sich auf Arten zu konzentrieren, die auf relativ geringer Fläche eine große Ernte ermöglichen. Gut geeignet sind Tomaten, die sogar in speziellen Pflanzsäcken angeboten werden und so auch auf Dachterrassen oder Balkonen wachsen können. Auch viele Salatarten, Radieschen und Frühlingszwiebeln lassen sich auf dem Balkon anbauen. Ist nur wenig Platz vorhanden, sollte man sich auf Gemüsesorten beschränken, die besonders aromatisch sind, etwa ungewöhnliche oder kleine Tomatensorten wie ‘Gardener’s

◁ Pflücksalate, wie hier in roten und grünen Sorten, sind sehr schmackhaft und gleichzeitig dekorativ. Sie können auch als hübsche Begrenzung für ein Blumenbeet verwendet werden. Dichtgekrauste Petersilie eignet sich ebenfalls als Beeteinfassung.

▽ Dieser farbenfrohe Kräutergarten ist klassisch angelegt. In der Mitte wachsen Zitronenmelisse und Ringelblumen, umgeben von Majoran und Schnittlauch.

Delight', die hervorragend schmecken und eine gute Ernte ergeben. Andere empfehlenswerte Gemüsearten sind Rote Beete, Feldsalat, Winterkresse (mit herrlich kräftigem Gechmack), Mangold, Fenchel und viele Salatsorten wie der bunte, gekrauste Lollo Rosso, Zichoriensalat, Eissalat, Endiviensalat oder auch Kohlrabi, Broccoli, Spinat, Möhren, Zwiebeln, Rettiche und Radieschen.

Die Gemüsearten können Sie auf einer rechteckigen Fläche anpflanzen, vielleicht von einer niedrigen Mauer oder von Pflasterwegen eingefaßt. Als Blickfang kann in der Mitte ein Stachelbeerstämmchen oder ein Gerüst mit Stangenbohnen dienen. Vier quadratische Beete für das Gemüse vervollständigen das Miniaturfeld.

Sehr attraktiv im Hintergrund eines Blumenbeets sind auch die riesigen Artischocken (*Cynara scolymus*) mit silbrigen Blättern und interessanten lila Köpfen. Die Sorte 'Gros Vert de Lyon' ist besonders schmackhaft. Zucchini können an Zäunen oder Spalieren emporwachsen, sie brauchen aber sehr gute Erde, viel Sonne und reichlich Wasser.

Küchenkräuter

Egal, ob Sie Gemüse anbauen wollen oder nicht, es ist auf jeden Fall ratsam, die Kräuter, die Sie oft in der Küche verwenden, anzuziehen. Selbst wenn Sie nur Platz in einem Balkonkasten haben, können Sie einige Sorten pflanzen, vorausgesetzt, sie erhalten genügend Sonne.

Kräuter sind unkompliziert und brauchen nicht viel Aufmerksamkeit. Am besten werden sie in Töpfe gesetzt oder in ein kleines schmales Beet direkt an der Küchentür. Zwei oder drei Pflanzen je Art reichen für den normalen Gebrauch meist aus. Im folgenden werden die wichtigsten Kräuter beschrieben.

▽ **Ein schmaler Bereich des Gartens ist in einen attraktiven Gemüse- und Kräutergarten verwandelt worden, mit Petersilie und Frühlingszwiebeln, Stangenbohnen und Artischocken.**

Basilikum Es gibt stark wachsende Sorten ('Genveser') und empfindlichere Sorten, die nur in geschützten Lagen gedeihen ('Rothaut'). Aussaat erfolgt nach dem letzten Frost direkt ins Freie.

Dill So schön, daß er auch in einem Blumenbeet stehen kann. Aussaat sollte in Reihen erfolgen, etwa im Abstand von 30 cm. Das Kraut sowie die halbreifen Dolden können geerntet werden.

Knoblauch Einfach zu ziehende Pflanze. Die Zehen werden im Herbst etwa 5 cm tief in die Erde gesetzt. Ist ein Teil des Laubes abgestorben, kann geerntet werden. Die Zwiebeln lassen sich luftig und trocken lagern.

Koriander Wird am besten im April in Reihen im Abstand von 30 cm gesät. Der Samen braucht recht lange zum Keimen. Ab August können Blätter und Samen geerntet werden.

Majoran Es gibt unterschiedliche Sorten, die meist aus Schößlingen bestehender Pflanzen vermehrt werden. Die Blätter sollten etwa im Juli vor der Blüte geerntet werden.

Minze Läßt sich problemlos aus Wurzelschnittlingen vermehren. Minze liebt nährstoffreicheren Boden als die meisten Kräuter und gedeiht am besten im Halbschatten. Sie neigt dazu, sich stark durch Wurzelausläufer zu verbreiten, so daß sie am besten in Töpfe oder in eingegrenzte Beete gepflanzt wird.

◁ **Viele Kräuter sind nicht nur schmackhaft, sondern auch dekorativ. Sie können in Töpfen wachsen, wie hier rosablühender Schnittlauch und Salbei mit lila Blättern (*Salvia purpurascens* 'Atropurpurea').**

▽ **Mauern und Zäune können als Stütze für verschiedene Obstsorten dienen, wie hier die Gartenbrombeere ('Loch Ness') oder für Spalierobst wie Äpfel oder Birnen. Letzteres muß sorgfältig beschnitten werden, um ertragreich zu sein.**

Petersilie Es gibt Sorten mit glatten und gekrausten Blättern. Kann im Frühjahr und Spätsommer aus Samen gezogen werden, die Keimzeit ist aber relativ lang. Petersilie eignet sich auch gut als Beeteinfassung (schön in Kombination mit blauen Stiefmütterchen). Fühlt sich am wohlsten in tiefgründigem, nahrhaftem Boden mit guter Wasserhaltekraft. Im Frühbeet gepflanzt, läßt sich Petersilie das ganze Jahr über ernten.

Rosmarin Ein kleiner hübscher Strauch mit hellblauen Blüten und nadelförmigen, aromatischen Blättern. Rosmarin gedeiht am besten in leichter, durchlässiger Erde in voller Sonne. Läßt sich einfach aus Stecklingen vermehren.

Salbei Es gibt sehr viele Arten, einige sind einfach nur Blütenstauden bzw. immergrüne Halbsträucher. Als Gewürz wird *Salvia officinalis* verwendet. Die Sorte 'Purpurascens' mit tiefvioletten Blättern ist besonders attraktiv. Salbei kann aus Stecklingen – im Sommer – in sonniger, leichter Erde vermehrt werden. Läßt sich gut trocknen. Im Spätsommer sollten die Sträucher etwas beschnitten werden.

Thymian Immergrüner kleiner Halbstrauch in vielen Sorten. Liebt trockenen, kalkhaltigen Boden und kann einfach aus Stecklingen vermehrt werden. Die Ernte ist das ganze Jahr über möglich. Läßt sich gut trocknen.

Obst

Selbst ein kleiner Garten reicht aus, um Spalierobst, die neuen „Birnensäulen" oder etwa einen Duo-Apfelbaum (zwei Apfelsorten an einem Baum) zu pflanzen. Pfirsiche und Nektarinen können in Fächerform an einer sonnigen Mauer gezogen werden. Himbeeren und Brombeeren benötigen wenig Platz, wenn sie an einem Zaun wachsen und Stachelbeeren, auf Stämmchen gezogen, können mitten in ein Gemüsebeet gesetzt werden.

Johannisbeersträucher, mit roten, weißen oder schwarzen Früchten, sind sehr ergiebig – meist reichen zwei Sträucher aus, um sogar einige Gläser Marmelade einkochen zu können. Ein paar Erdbeeren und Preiselbeeren haben in jedem Blumenbeet Platz. Selbst eine Feige mit wunderschönen graugrünen, handförmigen Blättern kann in einem Kübel zu einem attraktiven Schmuckstück werden und Sie nach einem heißen Sommer vielleicht sogar mit einer Frucht überraschen. Nicht vergessen werden sollten Weinstöcke, die in einem geschützten, sonnigen Garten außer schönem Laub auch noch dekorative und schmackhafte Trauben bieten.

Die Pflege des Gartens

Neben der Planung, Anlage und Bepflanzung ist es wichtig, den Garten das ganze Jahr über so zu pflegen, daß man ihn auch wirklich genießen kann. Es müssen nicht nur die geeigneten Pflanzen gewählt werden, sondern man sollte auch wissen, wie sie gesund bleiben – wie und wann sie gedüngt, gewässert und eventuell beschnitten werden müssen. Sehr nützlich und kostensparend ist es außerdem, wenn man Pflanzen selbst vermehren kann – beispielsweise durch Samen oder Stecklinge. Dieses Kapitel gibt genaue Erläuterungen zu all diesen Themen und bebilderte Schritt-für-Schritt-Anweisungen. Obwohl kleine Stadtgärten wenig Pflege benötigen, müssen besonders Kübelpflanzen regelmäßig gewässert und gedüngt werden – und dafür sind ganz allein Sie zuständig.

◁ In einem kleinen Garten kann man zusätzlichen Platz durch Regale an einer Mauer gewinnen, die ideal zum Vorziehen vieler Pflanzen sind.

▷ In diesem Garten ist jeder Zentimeter ausgenutzt. Zahlreiche Kräuter, Stauden und einjährige Sommerblumen in Kübeln lassen die Fläche wie einen üppigen Bauerngarten wirken.

Umgestaltung des Gartens

▽ Ein kleiner Sitzplatz im Garten kann eine Anlage wirkungsvoll verwandeln. Wichtig ist, daß der Bereich durch schöne, optimal ausgewählte Pflanzen vor Einblicken und Wind geschützt wird.

Wenn Sie einen Stadtgarten übernommen haben, müssen Sie entscheiden, welche Elemente bestehen bleiben können und welche Veränderungen erforderlich sind, um Ihre Vorstellungen zu verwirklichen.

Zu den Schwierigkeiten, mit denen die meisten Gartenbesitzer zu tun haben, gehören eine unpassende oder langweilige Bepflanzung, zu große Bäume und Sträucher – oder Bäume und Sträucher an den falschen Stellen – und schlechte oder unansehnliche Beläge. Wenn Sie über ein großzügig bemessenes Budget verfügen, können Sie all diese Probleme auf einen Schlag beseitigen, indem Sie einen Gartenarchitekten beauftragen. Lösungen richten sich dann nach der Grundstückslage und den damit verbundenen Einschränkungen, nach Ihrem Geschmack, dem finanziellen Rahmen und auch nach den Vorstellungen des Gartenarchitekten.

Wollen Sie die Aufgabe allein in Angriff nehmen, sollten Sie sich zuerst fragen, was Ihnen am bestehenden Garten gefällt (falls es überhaupt etwas Positives gibt). Steht im Garten ein sehr schöner Strauch oder Baum, oder wirkt die Terrasse einladend, dann können diese Elemente übernommen werden. Ein Garten, der ganz neu angelegt wird, braucht lange, um die gewünschte Wirkung zu erzielen. Sind einige Sträucher oder Bäume vorhanden, wird ein „reiferer" Eindruck vermittelt.

Auch im Garten ist Qualität wichtiger als Quantität. Ein paar schöne Bäume oder Sträucher machen mehr her als eine Menge minderwertiger, willkürlich zusammengestellter Pflanzen. Größere Lükken lassen sich schnell mit bunten Sommerblumen wie Tabakpflanzen (*Nicotiana*) oder Kosmeen füllen, die leicht aus Samen zu ziehen sind und einen hübschen Platzhalter für die später an dieser Stelle stehenden Bäume oder Sträucher bilden.

Bei einer Neuanlage ist auch sehr wichtig, daß sich die Abstände zwischen den Pflanzen nach den jeweiligen Wachstumseigenschaften richten. Die Pflanzlöcher sollten großzügig ausgehoben und mit etwas Dünger oder Knochenmehl

▷ **Eine wohl überlegte Gestaltung ist Voraussetzung für einen attraktiven Garten. Die Wahl der Pflanzen erfolgt anschließend. Durch Bäume, Sträucher, Stauden und Sommerblumen wird die Anlage lebendig.**

vorbereitet werden. Ganz gleich wie gut ein Garten angelegt ist, letztendlich entscheidet die Pflanzenqualität mit über den Erfolg. Mißachtet man die Anforderungen – Standort, Dünger, Wasser und Licht – wird man nie einen wirklich schönen, prachtvollen Garten haben.

Die meisten Gartenbücher empfehlen, vor dem eigentlichen Pflanzen einen maßstabsgetreuen Plan des Gartens zu zeichnen. Das ist bestimmt wichtig, wenn Sie das Material für einen Bodenbelag bestellen und die erforderliche Materialmenge angeben wollen. Für die Bepflanzung in einem kleinen Garten ist eine solche Zeichnung nicht unbedingt notwendig, da der gesamte Bereich gut zu übersehen ist, es sei denn, Sie möchten sehr komplizierte Rabatten anlegen. In den meisten Stadtgärten ist aber nicht genügend Platz für große, üppige Beete, auf denen die Pflanzen mehrere Reihen tief stehen, wie in einer traditionellen Staudenrabatte. Angebrachter ist eine Komposition mit Sträuchern im Hintergrund, davor Stauden und Blumenzwiebeln, die im Frühling und Herbst für Farbe sorgen.

Auswahl der Pflanzen

Wenn Sie einen neuen Garten planen, müssen Sie diverse Pflanzen kaufen. Sie können sich die Pflanzen schicken lassen oder in einem Gartenzentrum bzw. in einer Baumschule aussuchen. Haben Sie wenig gärtnerische Erfahrung, ist es am besten, wenn Sie die Auswahl vor Ort vornehmen. In einer guten Baumschule erhalten Sie dann auch viele nützliche Hilfen und Antworten auf all Ihre Fragen. Gut ausgezeichnete Pflanzen sollten bereits grundlegende Informationen zu Standort, Größe, Blütezeit und Bodenansprüchen geben. Aber vielleicht haben Sie noch Fragen zum Schnitt, zur Pflanztiefe oder möchten wissen, ob die Pflanze mit den Bedingungen in Ihrem Garten zurechtkommt.

Bei der Auswahl eines Gewächses sollten Sie darauf achten, daß die Zweige gut ausgebildet und unbeschädigt sind, die Blätter gesund aussehen und keine Löcher oder ungewöhnlichen Verfärbungen aufweisen. Sehen Sie sich die Unterseite des Containers an: Wachsen die Wurzeln unten aus dem Topf heraus, ist das ein klares Zeichen dafür, daß die Pflanze längst hätte umgetopft werden müssen. Lassen Sie sich nicht von Pflanzen täuschen, die gerade in voller Blüte stehen. Prüfen Sie genau, ob die Pflanze wirklich Ihre Vorstellungen erfüllt; bei nur wenig Platz im Garten ist das besonders wichtig.

△ **Eine Mahonia, hier in voller Blüte, gehört zu den schönsten Pflanzen für den Stadtgarten. Sie ist immergrün, pflegeleicht, schattenverträglich und hat duftende Blüten im Winter.**

Bestimmen der Bodenbeschaffenheit

Sie sollten von Anfang an wissen, wie die Erde im Garten beschaffen ist, zumal einige Pflanzen recht anspruchsvoll sind. Kamelien und Azaleen beispielsweise gedeihen nur auf saurem Boden. Sie können die Bodenbeschaffenheit schnell durch einen pH-Wert-Test bestimmen. Wenn der Boden zu sauer oder zu basisch ist, läßt sich der pH-Wert verändern: durch Zugaben von Kalk, um die Acidität zu verringern, oder durch Zugaben von Torf, um die Alkalität zu verringern. Generell aber ist es sinnvoll, Pflanzen auszusuchen, die mit den bereits bestehenden Bodenverhältnissen gut zurechtkommen. Oft liegt ein mittlerer pH-Wert vor, und die meisten Zierpflanzen tolerieren einen weiten pH-Bereich.

Wenn die Erde sehr feucht oder sehr trocken ist (in der überwiegend schattigen

Planen der Bepflanzung

- Einige immergrüne Sträucher gewährleisten auch im Winter interessante Formen und Farben.
- Verwenden Sie viele Kletter- und Schlingpflanzen, um vertikale Flächen optimal auszunutzen.
- Kaufen Sie lieber schöne Terracotta-Töpfe, die auch unbepflanzt gut aussehen, statt billigere Plastiktöpfe.
- Prüfen Sie, ob die gewünschten Pflanzen für den ausgewählten Standort geeignet sind.
- Gruppieren Sie mehrere Pflanzen einer Art zusammen, um die größtmögliche Wirkung zu erzielen.

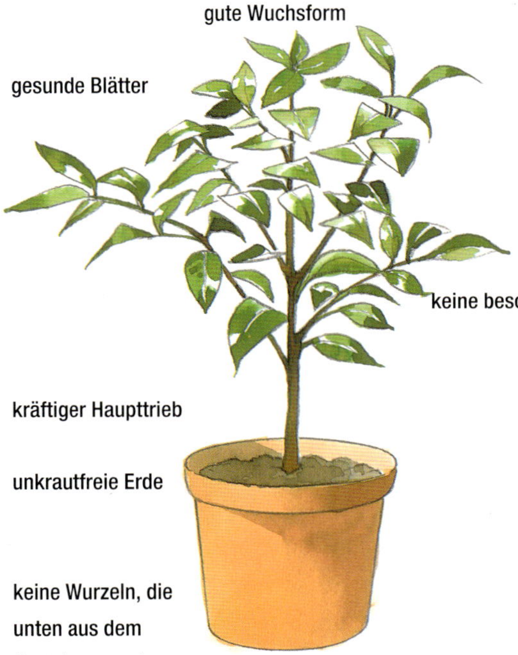

▷ Eine besonders für Stadtgärten in frostfreien Zonen geeignete Pflanze ist die *Fatsia japonica*. Sie wird recht groß und kann deshalb gut eine Ecke im Garten – durchaus auch im Schatten – ausfüllen.

◁ Prüfen Sie beim Kauf, ob die Pflanze kräftig ist, die Triebe und Blätter gesund und nicht beschädigt sind, kein Unkraut im Container wächst, die Erde gut aussieht und, bei einem Strauch, die Wuchsform schön ist.

Umgebung eines Stadtgartens ist sie eher zu trocken), wird auch dadurch die Auswahl möglicher Pflanzen eingeschränkt. Sie können den Boden selbst prüfen, indem Sie Erde zwischen den Fingern zerreiben. Fühlt sie sich ziemlich trocken und körnig an und bildet keinen Klumpen, haben Sie einen sandigen, wasserdurchlässigen und trockenen Boden. Haftet die Erde gut zusammen und ist recht geschmeidig, ist ein erheblicher Anteil Lehm vorhanden, was bedeutet, daß der Boden wenig wasserdurchlässig ist, bei Regen Staunässe zu einem Problem werden kann und die Erde in Trockenperioden schnell austrocknet.

Jede Art von Boden läßt sich durch Zusätze von organischem Material (Kompost oder Stallmist) in seiner Grundstruktur verbessern. Verdichtete Böden werden durch groben Sand und Mist poröser und sauerstoffreicher. Bei zu geringem Sauerstoffgehalt sterben die Wurzeln vieler Pflanzen schnell ab. Hält man diese zu lange im Container, bildet sich bald ein zu dichtes Wurzelgeflecht, wodurch dann irgendwann die Pflanzen eingehen. (Erste Anzeichen dafür können gelbe, welke Blätter sein.)

Neue Pflanzen sollten vom Beginn des Frühjahrs an kräftig wachsen. Geschieht das nicht, stehen sie entweder an einer Stelle, an der sie mit dem Boden bzw. der Lage nicht zurechtkommen, oder sie sind nicht ausreichend ernährt bzw. erhalten ungenügend Licht. Versuchen Sie, Pflanzen einen guten Start zu ermöglichen. Gerade junge Pflanzen verlangen besondere Aufmerksamkeit und Pflege.

Richtiges Pflanzen und Düngen

Junge Pflanzen brauchen besonders optimale Wachstumsbedingungen, vor allem die richtige Erde und ausreichend Licht. Es ist sinnlos, eine Erica oder einen Rhododendron in kalkhaltigen Boden zu setzen – sie benötigen im Garten wie auch in ihrer natürlichen Umgebung saure Erde (siehe vorherige Seite).

Pflanzung

Fast jede Pflanze erleidet durch das Verpflanzen einen kleinen Schock. Sie erholt sich viel schneller, wenn der Schock gering ist und die Bedingungen möglichst optimal sind. Während des Umpflanzens dürfen die zarten Faserwurzeln nicht beschädigt werden. Sobald die Pflanze an ihrem Platz steht, sollten diese Wurzeln in der Lage sein, sich auszubreiten und ihre Funktion aufzunehmen. Sie dürfen deshalb nicht in ein zu kleines Pflanzloch gestaucht werden, und die umgebende Erde sollte großzügig aufgelockert sein. Harken Sie die Fläche, graben Sie ein Loch in doppelter Größe des Wurzelballens aus, drücken oder treten Sie die Erde um die Pflanze vorsichtig an, und wässern Sie sehr gründlich. Bei „normalem" Wässern wird nur eine Tiefe von etwa 3 cm erreicht; Sie können das schnell prüfen, indem Sie neben eine Pflanze, die Sie gerade gegossen haben, ein Holzstückchen in die Erde stecken.

Keine Pflanze mag es, wenn ihre Wurzeln im Boden keinen festen Halt finden. Das ist besonders beim Pflanzen von Bäumen zu beachten. Ein Stamm sollte gut abgestützt werden, so daß das Bäumchen auch von starkem Wind nicht bewegt werden kann. Wenn Sie Pflanzen im eigenen Garten (oder aus anderen Gärten) umpflanzen möchten, so sollten Sie das während der Ruheperiode – im Herbst, Winter oder zeitigen Frühjahr – tun.

Anschließend muß ausgiebig gewässert werden. Ein Beschnitt nach dem Umpflanzen hilft der Pflanze, sich schneller zu akklimatisieren.

Pflanzung in Kübeln

In den meisten Stadtgärten stehen viele Pflanzen in Töpfen, so daß man wissen muß, wie eine Pflanze in einen Kübel gesetzt und später umgetopft wird (siehe auch Seite 117).

Aufsetzen eines Komposthaufens

Kompost herzustellen ist eine befriedigende und ökologisch empfehlenswerte Angelegenheit. Es werden diverse Kompostbehälter angeboten, die wenig Platz benötigen. Sie können fast alle Küchenabfälle, Rasenschnitt und Laub kompostieren. Zwar werden durch Humuserde nicht alle Ansprüche des Bodens abgedeckt, aber die Qualität wird auf jeden Fall verbessert. Fügen Sie zum Beschleunigen des Verrottungsprozesses einen Kompoststarter hinzu. Mit etwas Glück haben Sie nach wenigen Monaten guten, feinkrümeligen Humus.

Einen Behälter kann man ohne viel Aufwand aus Hölzern als Stütze und Drahtgeflecht bauen.

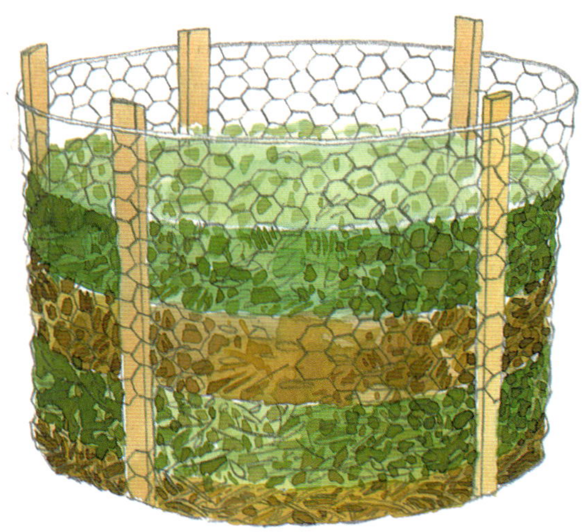

Einpflanzen eines Strauchs

1 Graben Sie die Fläche um das Pflanzloch herum mit der Grabgabel, um den Boden zu lockern und ein Ausbreiten der Wurzeln zu erleichtern.

2 Eine Container-Pflanze sollte noch im Container ausgiebig gewässert werden. Sie läßt sich dann einfacher aus dem Gefäß entfernen.

3 Graben Sie ein Loch (etwa doppelt so groß wie der Wurzelballen). Durch etwas Knochenmehl oder Dünger ermöglichen Sie der Pflanze einen guten Start.

4 Setzen Sie die Pflanze in das Loch. Legen Sie einen Stab über das Loch: Der Ballen sollte oben mit der Erdoberfläche abschließen.

5 Breiten Sie die Wurzeln aus, und füllen Sie das Loch mit Erde. Treten Sie die Erde vorsichtig an, so daß weder Stamm noch Wurzeln beschädigt werden.

6 Wässern Sie nach dem Pflanzen gründlich und auch danach regelmäßig, bis die Pflanze vollständig angewachsen ist.

Wählen Sie ein Pflanzgefäß, das etwa 20% größer als der Wurzelballen ist. Ein zu großes Gefäß bewirkt, daß die Pflanze sehr stark Laub ausbildet. Ein zu kleines Gefäß hat zur Folge, daß die Wurzeln gestaucht werden und die Pflanze allmählich verkümmert.

Jeder Topf sollte vor Gebrauch sauber sein und am Boden ein Loch für den Wasserablauf haben. Kann überschüssiges Wasser nicht ablaufen, kommt es zu Staunässe und zum Faulen der Pflanze. Um die Drainage zu verbessern und zu verhindern, daß das Loch durch die Erde verschlossen wird, bedeckt man am besten den Topfboden mit grobem Kies oder Topfscherben. Füllen Sie dann etwas Erde auf, setzen die Pflanze hinein, drükken die Erde gut fest und füllen gegebenenfalls noch weiter auf. Die Erde sollte bis etwa 3 cm unterhalb des Topfrandes reichen, um genügend Platz zum Wässern zu lassen.

Düngen von Pflanzen

Kaum eine Pflanze, abgesehen von anspruchslosen Efeu-Arten, ist mit einem sehr nährstoffarmen Boden zufrieden. In einem Stadtgarten ist das natürliche Gleichgewicht oft gestört, entweder durch zuviel Wasser, das die Nährstoffe wegspült oder dadurch, daß kaum Pflanzenreste zur Humusbildung anfallen. Das sind auch die Hauptgründe,

Einpflanzen in einen Topf

1 Legen Sie eine Schicht aus Kies als Drainage in ein sauberes Gefäß und füllen so viel Erde auf, daß der Wurzelballen nicht über den Topf hinaussteht.

2 Nehmen Sie die Pflanze aus dem ursprünglichen Container heraus, und setzen Sie sie vorsichtig in den vorbereiteten, sauberen Topf.

3 Füllen Sie den Behälter mit Erde, bis etwa 3 cm unter den Rand, um ausreichend Platz zum Wässern zu haben.

4 Drücken Sie die Erde vorsichtig, aber fest an, und wässern Sie anschließend die Pflanze kräftig.

▷ Die imposante *Abutilon megapotamicum* ist ideal für einen Kübel (aber nur in frostungefährdeten Zonen). Hier paßt sie gut zu den violetten Blättern des Weins *Vitis vinifera*. Pflanzen in Kübeln müssen regelmäßig gedüngt und ausreichend gewässert werden.

weshalb Kübelpflanzen zusätzlich Nährstoffe erhalten müssen – die Natur hat nicht die Möglichkeit, diese Pflanzen selbst zu versorgen.

Im Stadtgarten muß im Herbst großzügig gedüngt werden. Kübelpflanzen sollten auch während der Wachstumsperiode regelmäßig mit Nährstoffen versorgt werden; am besten geeignet ist Flüssigdünger. Einige Pflanzen benötigen mehr Nährstoffe als andere. Möchten Sie beispielsweise Tomaten auf der Terrasse ernten, sind reichliche Düngergaben erforderlich. (Tomaten brauchen außerdem viel Licht, so daß ein sehr sonniger Standort ausgewählt werden sollte.) Einige mediterrane Pflanzen fühlen sich auch auf kargem Boden wohl – Pelargonien beispielsweise benötigen sehr wenig Nährstoffe und neigen bei viel Dünger dazu, sehr kräftiges Laub – aber weniger Blüten – zu entwickeln.

Es gibt zahlreiche Bücher, die sich nur mit der Zusammensetzung unterschiedlicher Düngemittel beschäftigen. Es stimmt auch durchaus, daß für einige Pflanzen ganz bestimmte Spezialdünger besser geeignet sind. Generell gilt, daß durch Pottasche die Blütenbildung angeregt wird und Stickstoff für ein üppiges Wachstum sorgt. Für die meisten Pflanzen reicht aber ein normaler organischer Dünger in der vom Hersteller empfohlenen Konzentration vollkommen aus.

Schneiden und Umtopfen

In einem kleinen Garten ist es besonders wichtig, daß die Pflanzen das ganze Jahr über attraktiv aussehen, weil sie aus unmittelbarer Nähe betrachtet werden. Sie müssen deshalb genau beobachtet und gepflegt werden sowie die richtigen Wachstumsvoraussetzungen haben.

Schnitt und Entfernen von Verblühtem
Kletter- oder Schlingpflanzen müssen meist angebunden und relativ häufig beschnitten werden. Der Schnitt von Sträuchern ist vielfach ein ziemlich kompliziertes Unterfangen, vor allem dann, wenn die größtmögliche Blütenpracht erreicht werden soll. Wenn Sie lediglich gewährleisten möchten, daß eine Pflanze gesund und kräftig bleibt und nicht unansehnlich wird, dann können Sie sie einfach direkt nach der Blüte beschneiden. Kürzen Sie dazu die Zweige etwa um ein Drittel und achten Sie darauf, daß einige nach außen stehende Knospen verbleiben, aus denen sich die neuen Triebe entwickeln können. Es ist wichtig, daß diese nach außen zeigen, weil sonst die Neutriebe in die Mitte der Pflanze wachsen und allmählich ein undurchdringliches Geflecht bilden, das kaum Sonne hindurch läßt. (Für den richtigen Beschnitt von Obstbäumen oder -sträuchern reichen diese Hinweise nicht aus, es sind jedoch zahlreiche Bücher mit genauen Anweisungen erhältlich.)

Beschneiden von Sträuchern

△ Zweige mit einzelnen Knospen schneidet man kurz über einem nach außen zeigenden Ansatz diagonal. Sitzen die Knospen paarweise am Zweig, wird kurz darüber quer geschnitten.

△ Beim Schnitt ist darauf zu achten, daß die Pflanze nach außen und nicht nach innen wächst. Bei einem Strauch wird über einer nach außen zeigenden Knospe geschnitten.

Damit ein Garten immer gepflegt aussieht und die Pflanzen kräftig bleiben, sollte man alles Verblühte entfernen. Das klingt nach mühsamer Arbeit, zahlt sich aber aus, weil dadurch häufig weitere Knospen ausgebildet werden und manchmal sogar eine zweite, spätere Blüte erfolgen kann. Gerade bei sehr kleinen Gärten muß man versuchen, das Optimale aus den wenigen Pflanzen herauszuholen. Es lohnt deshalb, sich mit einer guten Schere zu bewaffnen und alles Verblühte regelmäßig zu entfernen. Besonders bei Rosen kann man dadurch sehr viel erreichen. Vielleicht ziehen Sie es jedoch vor, daß Hagebutten ausgebildet werden, die bei einigen Rosenarten eine ganz besondere, zusätzliche Herbstattraktion darstellen – dann sollten Sie die verwelkten Blüten am Strauch lassen.

Obwohl in vielen Gartenbüchern geraten wird, alle Stauden im Herbst herunterzuschneiden, ist das nicht unbedingt erforderlich. Früher hat man besonders große Staudenrabatten radikal beschnitten, aber in einem kleinen Stadtgarten kann es sehr schön aussehen, wenn die Samenstände auch im Winter zu sehen sind, besonders nach dem ersten Frost, und es schadet eigentlich keiner Pflanze.

Sinnvoll ist es allerdings, im Herbst die abgestorbenen Blätter zu entfernen.

Haben Sie genügend Platz, können Sie das Laub in schwarzen Müllsäcken sammeln, mit der Forke einige Löcher hineinstechen und im nächsten Frühjahr, nachdem die Blätter verrottet sind, wieder dem Boden zufügen. Sie können das Laub auch auf einem Komposthaufen verrotten lassen oder aber das Ganze als Abfall beseitigen und statt dessen Dünger kaufen.

Pflege von Topfpflanzen

Pflanzen in Kübeln müssen mindestens alle zwei Jahre umgeflanzt werden, je nachdem, wie stark sie wachsen. Prüfen Sie ab und zu den Boden der Gefäße. Sind Wurzeln zu sehen, sollten Sie die Pflanze in einen Topf, der etwa 20% größer als der Wurzelballen ist, umsetzen.

Es kann geschehen, daß eine Pflanze soviel Wurzeln gebildet hat, daß sie nicht einfach aus dem Topf heraus zu nehmen ist. Sie müssen dann eventuell das alte Gefäß opfern, um die Pflanze zu entfernen. Wird eine solche Pflanze nicht umgetopft, stirbt sie unweigerlich. Nehmen Sie das Gewächs aus dem Topf, schneiden dann die Wurzeln etwas zurück und entwirren sie, so daß sie wieder nach außen wachsen können. Topfen Sie dann die Pflanze um.

Wenn Sie das Wachstum einer Pflanze eindämmen möchten, können Sie die Wurzeln und Triebe auf ein Drittel einkürzen und sie wieder in den alten, gesäuberten Topf mit frischer Erde setzen.

Umtopfen einer Pflanze

1 Prüfen Sie den Boden eines Topfes, um zu sehen, ob die Wurzeln durch das Loch wachsen. Topfpflanzen, auch langsam wachsende, brauchen alle paar Jahre frische Erde.

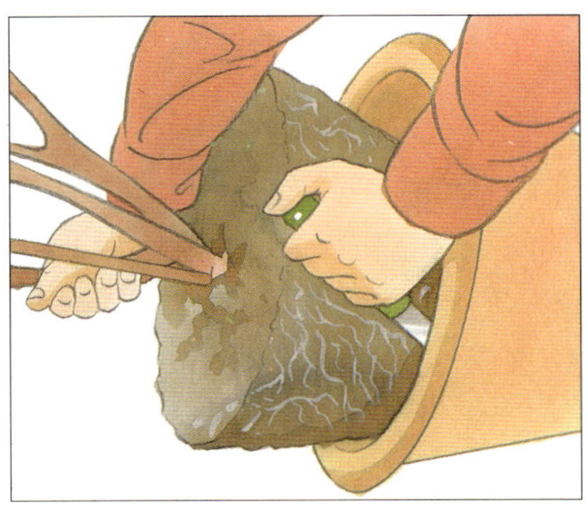

2 Nehmen Sie die Pflanze aus dem Topf. Sie können ein Messer zu Hilfe nehmen, müssen aber darauf achten, daß keine Wurzeln beschädigt werden.

3 Legen Sie vorsichtig das Wurzelgeflecht frei. Soll die Pflanze nicht größer werden, können Sie die Wurzeln um ein Drittel einkürzen.

4 Beschneiden Sie gegebenenfalls die Pflanze und setzen Sie sie in einen sauberen Topf mit einem etwa 5 cm größeren Durchmesser (siehe Seite 114).

Gartenpflege im Winter

Im Mikroklima eines Stadtgartens gedeihen häufig Pflanzen, die normalerweise in unseren Regionen nicht existieren können. Die Nähe von Gebäuden und die Wärme, die in einer Stadt erzeugt wird, machen es möglich, auch subtropische Pflanzen anzusiedeln, vorausgesetzt, es werden einige Vorsichtsmaßnahmen getroffen.

Pflanzen aus wärmeren Gebieten der Erde haben überwiegend Blüten mit kräftigeren Farben als die Pflanzen aus unseren Regionen. Als Kübelpflanzen sind sie eine herrliche Bereicherung für jeden Stadtgarten oder auch Balkon. Zu den möglichen Pflanzen zählen beispielsweise *Clivia miniata* mit glänzend grünen, langen Blättern und leuchtendroten Blüten, die Bananenpflanze (*Musa ensete*) mit noch größeren, ähnlich geformten Blättern, der Neuseeländische Baumfarn (*Dicksonia antarctica*) und der Amerikanische Trompetenwein (*Bignonia*) mit seinen orangefarbenen oder roten Blüten.

Wenn Sie sich für so exotische und farbenprächtige Pflanzen entscheiden, müssen Sie für die kalte Jahreszeit gewisse Vorkehrungen treffen. Sie können die Pflanze während sehr kalter Perioden beispielsweise in Luftpolsterfolie hüllen. Läßt sich nicht die ganze Pflanze einwickeln, sollte zumindest der Kübel umhüllt werden, um die empfindlichen Wurzeln zu schützen.

Wenn Sie genügend Platz haben, können Sie solche Pflanzen bei starkem Frost auch ins Haus holen. Das ist aber nicht immer einfach, besonders dann, wenn der Kübel sehr groß und schwer ist. Eine große, gut gewässerte Topfpflanze läßt sich jedoch nur unter Mühen bewegen, so daß Sie sie vor dem Umzug etwas abtrocknen lassen sollten.

Entfernen Sie im Winter alle Überreste von abgestorbenen Einjährigen und bereiten die Töpfe dann für das nächste Jahr vor, indem Sie die Erde entfernen und die Gefäße und Tonscherben säubern. Alle Pflanzbehälter müssen gründlich gereinigt werden, weil sich in ihnen oft Krankheitskeime bilden, die die nächste Pflanze anstecken könnten.

Umsetzen von Topfpflanzen

Es gibt ein paar recht einfache Methoden zum Umsetzen von großen Topfpflanzen. Sie können den Topf auf einen festen Sack stellen und diesen dann zusammen mit einer zweiten Person, die ihn festhält, an die neue Position ziehen. Eine andere Möglichkeit besteht darin, ein paar Metallstäbe und einige Bretter zu benutzen. Setzen Sie die Bretter rechtwinklig auf vier Metallstäbe, die etwa 10 cm auseinander liegen, und verwenden Sie weitere Bretter als Rampe. Ziehen Sie den Topf über die Rampe auf die Holzplattform und rollen diese dann vorwärts, wobei Sie jeweils einen Stab von hinten wieder vorne unter die Plattform legen. Eine etwas mühselige, aber kraftsparende Angelegenheit.

◁ *Clivia miniata* ist eine exotische Pflanze, die in sehr milden Regionen im Garten überwintern kann, wenn der Topf (d.h. die Wurzeln) mit Isoliermaterial geschützt wird. Die Clivia hat besonders schöne glänzende Blätter und leuchtende rote Blüten.

Der Winter ist die ideale Jahreszeit, um Reparatur- und Pflegearbeiten, vor allem im Terrassenbereich, auszuführen. Wählen Sie einen sonnigen, frostfreien Tag, und säubern Sie die Gartenmöbel und den Terrassenbelag gründlich. Mit einer Drahtbürste und einem Algenvernichter (oft reicht auch ein Haushaltsreiniger) kann man alle Schmutzstellen am Holz entfernen. Wenn Sie einen Staubsauger besitzen, der auch nasse Flächen säubert, können Sie die Terrasse oder den Balkon auch saugen. Im Winter, wenn kaum Gartenarbeit anfällt, hat man am ehesten Zeit, die Gartenmöbel, Holzspaliere oder Zäune mit frischer Farbe zu versehen.

Pflege von Wasseranlagen

Entfernen Sie alles Laub aus dem Teich, oder decken Sie zu Beginn des Herbstes die Wasserfläche mit einem Netz ab. (Das ist besonders wichtig, wenn Fische im Teich gehalten werden, weil faulende Blätter giftige Gase ans Wasser abgeben.) Sobald die Blätter von Wasserpflanzen verwelken, sollten auch diese entfernt werden. Hin und wieder können einige sauerstoffbildende Pflanzen reduziert werden, wenn sie zu stark wuchern.

Fische müssen stets ausreichend Sauerstoff zur Verfügung haben. Wenn Sie also in einer kälteren Region wohnen, sollten Sie einen Teil des Teiches eisfrei halten oder einen Wasserwärmer installieren.

Die Säuberung von Wasseranlagen nimmt man am besten im Frühsommer in Angriff. Fische müssen zuvor gefangen und in einem Eimer aufbewahrt werden. Graben Sie alle Pflanzen aus und teilen sie diese, falls erforderlich. Leeren Sie den Teich und füllen frisches Wasser ein. Fische müssen langsam akklimatisiert werden, so daß Sie am besten den Eimer einige Stunden im Wasser stehen lassen, bevor die Fische wieder in den Teich dürfen.

Wasserpumpen, Fontänen und Filteranlagen müssen ebenfalls regelmäßig gesäubert und gewartet werden.

Vermehrung

Wenn Sie im Garten noch Platz für weitere Pflanzen haben, möchten Sie diesen bestimmt füllen. Die Anschaffung kann aber recht teuer sein – billiger und sehr befriedigend ist es, wenn man vorhandene Pflanzen selbst vermehrt.

Es gibt drei grundsätzliche Methoden der Vermehrung: durch Samen, durch Zweige und Blätter oder durch Wurzeln, Zwiebeln und Knollen. Bei einigen Pflanzen sind sogar mehrere Methoden zur Vergrößerung des Bestandes möglich.

Generell gilt, daß Einjährige und viele Zweijährige aus Samen gezogen werden können. Zweijährige oder Stauden, wenn sie ein Wurzelgeflecht bilden, lassen sich oft auch durch Wurzelteilung vermehren. Sträucher werden überwiegend durch Stecklinge (Triebspitzen) fortgepflanzt. Bei einigen Pflanzen kann man so den Bestand sehr einfach vergrößern, bei anderen sind spezielle Vorkehrungen für ein Gelingen erforderlich.

Es ist gut zu wissen, welche Pflanzenbestände sich relativ einfach vergrößern lassen. Sie können viel Zeit und Mühe sparen, wenn Sie sich auf die Vermehrung der Pflanzen konzentrieren, die einen sicheren Erfolg versprechen. Bei Pelargonien müssen Sie lediglich kräftige Sprosse knapp über dem dritten Knoten unter der Triebspitze abschneiden und die unteren Blätter entfernen, in Erde stecken und gut wässern. Wenn Sie mehrere Stecklinge gleichzeitig nehmen, werden Sie in kurzer Zeit (höchstens sechs Wochen) mit kleinen neuen Pflanzen belohnt. Die beste Zeit zum Schneiden von Stecklingen ist der Spätsommer. Die jungen Pflanzen müssen dann im Haus überwintern.

Auf gleiche Weise können Sie neue Buchsbäume (*Buxus sempervirens*) und Rosmarinpflanzen (*Rosmarinus officinalis*) erhalten, beide lassen sich ganz problemlos aus Stecklingen vermehren. Lavatera, Verbena, Penstemon und auch Hydrangea sind für diese Art der Fortpflanzung ebenfalls gut geeignet.

Kopfstecklinge

1 Füllen Sie einen mittelgroßen Topf fast bis zum Rand mit Erde, und machen Sie mit einem Stöckchen kleine Pflanzlöcher.

2 Entfernen Sie mit einem scharfen Messer die Seitentriebe am Steckling.

3 Setzen Sie die Stecklinge in die Erde, und wässern Sie. Kleine Stäbe können als Stütze dienen und eine Plastikhaube als Feuchtigkeitsspeicher.

Aussaat in Schalen

1 Füllen Sie eine Saatschale mit spezieller Anzuchterde bis etwa 2 cm unter den Schalenrand.

2 Drücken Sie die Erde mit einem flachen Werkzeug an, um eine ebene, feste Oberfläche zu erhalten.

3 Streuen Sie den Samen darüber oder säen Sie in Reihen, je nach Art. Mit einem Stück gefaltetem Papier läßt sich die Samenmenge gleichmäßig verteilen.

4 Bedecken Sie die Saat mit einer Schicht gesiebter Erde (die Schichtdicke richtet sich nach der Saatgröße – sehr feiner Samen wird kaum bedeckt).

5 Stellen Sie die Saatschale in eine Schüssel mit Wasser, um zu gewährleisten, daß die Erde vollständig befeuchtet wird.

6 Decken Sie die Schale mit Glas oder Plastikfolie ab, um die Feuchtigkeit zu speichern. Die Erde sollte feucht, aber nicht naß sein, bis die Saat aufgeht.

◁ **Tabakpflanzen (*Nicotiana*) sind ideale Lückenfüller in jedem Garten. Sie wachsen schnell und lassen sich leicht aus Samen vermehren. Sie sehen nicht nur gut aus, sondern verströmen abends auch einen herrlichen Duft.**

Vermehrung durch Samen

Sie brauchen nur einige kleine Töpfe und ein paar Plastikschalen mit Löchern im Boden, Anzuchterde und natürlich Saatgut, um viele neue Pflanzen zu erhalten. Es gibt zahlreiche Einjährige und einige Zweijährige oder Stauden, die sich leicht durch Samen vermehren lassen. Zu den besonders schönen Pflanzen, die sich aus Samen ziehen lassen, gehören Tabakpflanzen (*Nicotiana*). Die imposanteste Form ist die bis zu zwei Meter hoch werdende *Nicotiana sylvestris*. Wikken lassen sich ebenfalls gut aus Samen vermehren. Am besten man setzt jeweils fünf oder sechs Samen zusammen in einen recht tiefen Topf. Später im Freiland brauchen sie dann ein Gerüst oder einen Zaun zum Emporklettern. Auch Nigella oder Silberlinge sind problemlos aus Samen zu ziehen und sehen sowohl in einem Beet als auch in einem Gefäß in jedem Garten schön aus.

Befolgen Sie die Anweisungen auf den Samentütchen besonders in bezug auf die erforderliche Samentiefe, da diese oft sehr unterschiedlich ist. Die Samen müssen leicht, aber regelmäßig begossen werden. Kommt es zu Staunässe, können die kleinen Sämlinge faulen; wird die Erde zu trocken, verwelken sie. Sämlinge benötigen auch ausreichendes und gleichmäßiges Licht. Stehen die kleinen Pflanzen auf einer Fensterbank, sollten sie ab und zu gedreht werden, damit sie nicht nur zum Licht hin wachsen. Decken Sie die Schale oder den Topf mit Glas oder durchsichtiger Plastikfolie ab, um die Feuchtigkeit besser zu halten und zusätzliche Wärme zu erzeugen, die für viele Samen zum Keimen erforderlich ist.

Sobald die Sämlinge kräftig genug sind, können sie einzeln in größere Behälter oder auch direkt an den für sie reservierten Platz im Garten gepflanzt werden.

Teilung von Pflanzen

Stauden mit ausgebreitetem Wurzelstock sowie die meisten Knollen- oder Zwiebelgewächse lassen sich durch Wurzelteilung bzw. durch Brutknollen oder Brutzwiebeln vermehren.

Das Teilen der Wurzeln ist relativ einfach. Man sieht sich die Pflanze an und prüft, ob sie mehrere Hauptsprosse hat. Ist das der Fall, können Sie die Pflanze teilen und beide Stücke neu einpflanzen (oder auch noch weiter teilen, wenn die Pflanze groß genug ist). Auch wenn Sie nicht mehr Pflanzen benötigen, ist ein Teilen von Stauden, die große Polster oder Horste bilden, wichtig, denn auf diese Weise wird die Pflanze verjüngt.

Zwiebel- und Knollengewächse bilden meist Brutzwiebeln oder Ableger aus, und die beste Zeit, diese abzunehmen, ist normalerweise der Herbst (das gilt für im Frühjahr blühende Pflanzen wie Schneeglöckchen, Narzissen, Hyazinthen und Tulpen), wenn sich die kleinen Brutzwiebeln oder -knollen gebildet haben. Meist blühen die neuen Pflanzen aber nicht in der ersten Saison.

Bei den meisten Blumenzwiebeln ist es wichtig, daß verwelkte Blätter nicht entfernt werden, sondern die Pflanze diese einziehen kann, um daraus die Kraft für Blüten im nächsten Jahr zu ziehen.

Knollengewächse wie Iris können durch Teilung der Knolle vermehrt werden, vorausgesetzt, jedes neue Teil hat einen Vegetationspunkt, aus dem sich ein neuer Trieb bilden kann. Die meisten Irisarten benötigen sehr wenig Erde über der Knolle und sollten deshalb nur ganz flach unter der Erdoberfläche gepflanzt werden.

Teilen von Pflanzen

1 Die meisten krautigen Stauden werden im Herbst geteilt. Schneiden Sie zuvor alles abgestorbene Laub ab.

2 Ziehen Sie mit zwei verkehrt aneinandergelegten Grabforken die Wurzeln auseinander. Kleinere Stauden lassen sich mit zwei Handgabeln teilen.

3 Pflanzen Sie die beiden Stücke neu ein, oder teilen Sie die Stücke noch weiter auf.

4 Pflanzen Sie die Teile in die vorbereitete Erde, drücken den Boden um die Pflanze herum vorsichtig an, und wässern Sie gründlich.

Aufzucht und Formschnitt

Pflanzen, die erzogen oder geschnitten sind, um noch attraktiver zu wirken, werden zum Blickfang in jedem Garten – besonders in Paaren betonen sie einen Hauseingang oder eine Treppe auf sehr eindrucksvolle Weise.

Sie können einige buschigwachsende Pflanzen hochstämmig erziehen, indem Sie die unteren Zweige entfernen und dadurch nur eine buschige Krone über einem kahlen Stamm erhalten. Viele immergrüne Sträucher lassen sich außerdem in interessante Formen wie Kugeln, Kegel und Spiralen schneiden. Für sehr komplizierte Gebilde gibt es vorgefertigte Formen, die jedoch nicht für alle Pflanzen geeignet sind.

Zu den Gewächsen, die sich für die Erziehung zum Hochstämmchen eignen, gehören Lorbeer (*Laurus nobilis*), Myrte (*Myrtus communis*) und blühende Sträucher wie einige Rosen, Geißblatt und Fuchsien. Besonders Fuchsien entwickeln sich zu sehr attraktiven Stämmchen mit üppiger Blütenfülle. Die Vorgehensweise ist bei allen Sträuchern gleich.

Ein Formschnitt ist ebenfalls leicht zu realisieren, vorausgesetzt, man entscheidet sich für einen nicht zu komplizierten Umriß. Sobald ein Gewächs etwa 25 cm hoch ist und einige Haupttriebe ausgebildet hat, werden die Triebspitzen entfernt, um ein buschiges Wachstum zu fördern. Im nächsten Jahr können Sie

Erziehen zum Hochstämmchen

1 Wenn die Pflanze etwa 30 cm hoch ist, können Sie die unteren Seitentriebe entfernen. Sie sollte dann an einen Stab gebunden werden, um mehr Halt zu bekommen.

2 Sobald die gewünschte Höhe erreicht ist, wird die Wachstumsspitze ausgeknipst, um ein weiteres Wachstum zu verhindern.

3 Knipsen Sie die Spitze der Seitentriebe am oberen Stammende ebenfalls aus, damit sie sich gut verzweigen.

4 Das Ergebnis ist ein schönes Stämmchen. Immergrüne, in Form geschnittene Stämmchen müssen zweimal im Jahr beschnitten werden. Bei blühenden Pflanzen sollte das Verblühte regelmäßig entfernt werden.

◁ Hier ist ein zweifarbiger Efeu an einem Spiralgerüst emporgerankt. Efeu läßt sich einfach und relativ schnell zu interessanten Formen erziehen. Bei den klassischen Formschnittpflanzen wie Buchsbaum oder Eibe werden ähnliche Formen Jahre benötigen.

dann damit beginnen, die Pflanze in eine Form zu bringen. Am besten gelingt das, wenn man sie in einen einfachen Drahtrahmen wickelt und alle durch den Draht wachsenden Triebe abschneidet. Dieser Schnitt sollte zweimal im Jahr erfolgen, im Frühling und im Spätsommer. Die Pflanze muß besonders gut ernährt werden, um einen kräftigen Wuchs zu fördern.

Noch einfacher ist es, Efeu über einen Drahtrahmen wachsen zu lassen. Setzen Sie einige Efeupflanzen (sie können problemlos aus Stecklingen vermehrt werden) in einen schönen Topf und erziehen Sie die langen Triebe so, daß langsam das Gerüst gefüllt wird. Dann können Sie mit dem Schnitt beginnen, bis der Rahmen vollständig verdeckt ist. Unerwünschtes Wachstum muß immer wieder präzise eingekürzt werden.

Erziehen eines Efeus

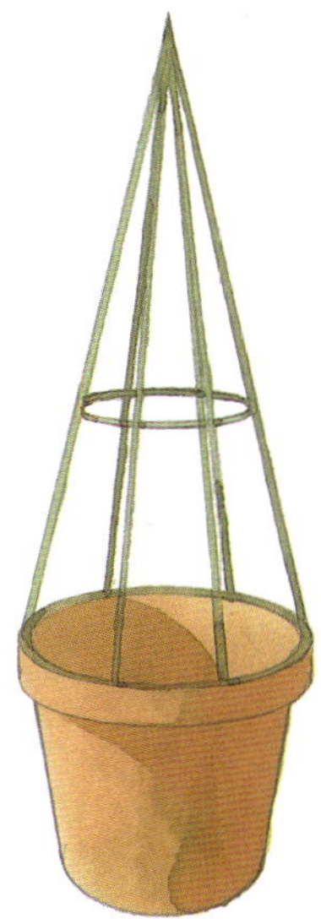

1 Wählen Sie die gewünschte Drahtform – Pyramide, Kegel oder Kugel – und einen dekorativen Topf, in den das Drahtgerüst genau hinein paßt.

2 Setzen Sie die Efeupflanzen in den Topf – am besten zwei oder drei kleine Pflanzen entlang des Randes – und stellen Sie den Rahmen darüber.

3 Sobald die Triebe wachsen, werden Sie unten am Rahmen befestigt und die Haupttriebe nach oben um die Drähte gewickelt, so daß sie den Rahmen beranken können.

4 In relativ kurzer Zeit ist der gesamte Rahmen von Efeu bedeckt. Beschneiden Sie das Efeu einige Male im Jahr, um die Form zu erhalten.

Register

Kursive Seitennummern beziehen sich auf Abbildungen

Bildnachweis

Alle Bilder in diesem Buch wurden von der **Garden Picture Library, London** zur Verfügung gestellt. Fotografen, und, falls bekannt, Fotodesigner sind nach Seitennummern angeführt. Wo erforderlich, ist die Position auf der Seite mit (U) Unten, (O) Oben, (L) Links und (R) Rechts gekennzeichnet.

Seite 1: Juliette Wade
Seite 2: Steven Wooster/ Sue Farrel
Seite 3: Ron Sutherland/ Mien Ruys
Seite 7: Ron Sutherland/ Anthony Paul Design
Seite 8: Ron Sutherland/ Duane Paul Design Team
Seite 9: Ron Sutherland/ Michele Osborne Design
Seite 10: Brigitte Thomas
Seite 11: Steven Wooster/ Anthony Paul Design
Seite 12: John Glover
Seite 13: Brigitte Thomas
Seite 14: Ron Sutherland/ Duane Paul Design Team
Seite 15: (O) Ron Sutherland/ Murray Collins Design, (U) Henk Dijkman/ K.T. Noordhuis
Seite 16: Joanne Pavia
Seite 1 7: John Miller
Seite 18: Ron Sutherland/ Duane Paul Design Team
Seite 19: Henk Dijkman/ Koelemeyer Bros Design
Seite 20: Ron Sutherland
Seite 21: (O) Steven Wooster/ Duane Paul Design Team, (U) Ron Sutherland/ Duane Paul Design Team
Seite 22: (L) Ron Sutherland, (R) Brigitte Thomas
Seite 23: (L) Ron Sutherland/ Anthony Paul Design, (R) Steven Wooster/ Chelsea Flower Show
Seite 24: (L) J.S. Sira
Seiten 24f.: Lamontaigne
Seite 25: (R) Ron Sutherland/ John Keyes & Graham Rose/ Chelsea Flower Show 1994
Seite 26: Steven Wooster/ Anthony Paul Design
Seite 27: Ron Sutherland
Seite 28: John Glover
Seite 29: John Miller
Seite 30: Steven Wooster/ Anthony Noel Design
Seite 31: Ron Sutherland/ Murray Collins Design
Seite 32: (L) Steven Wooster, (R) Ron Sutherland
Seite 33: Vaughan Fleming
Seite 34: Nigel Francis
Seite 35: Henk Dijkman/ Henk Weijers Design
Seite 36: Ron Sutherland
Seite 37: Ron Sutherland/ Eco Design
Seite 38: Steven Wooster/ Anthony Paul Design
Seite 39: Ron Sutherland/ Duane Paul Design Team
Seite 40: Roland
Seite 41: Ron Sutherland
Seite 42: Ron Sutherland
Seite 43: Ron Sutherland
Seite 44: John Glover
Seite 45: Lamontaigne
Seite 46: Ron Sutherland
Seite 47: Ron Sutherland/ Clifton Landscape & Design/ Chelsea Flower Show 1994
Seite 48: J.S. Sira/Capel Manor/ Hampton Court Flower Show 1991
Seite 49: Roger Hyam
Seite 50: Ron Sutherland/ Geoff & Faith Whiten Garden Design/ Chelsea Flower Show 1989
Seite 51: Ron Sutherland/ Anthony Paul Design
Seite 52: Henk Dijkman
Seite 53: Steven Wooster/ The Chelsea Gardener
Seite 54: Ron Sutherland
Seite 55: Ron Sutherland/ Daniel Pearson Design/ Chelsea Flower Show 1994
Seite 56: Steven Wooster/ Anthony Noel Design
Seite 57: (L) Ron Sutherland/ Duane Paul Design Team, (R) Ron Sutherland
Seite 58: Steven Wooster/ Henk Wijers Design
Seite 59: Ron Sutherland/ Duane Paul Design Team
Seite 60: Ron Sutherland/ Michele Osborne Design
Seite 61: (L) Steven Wooster/ Anthony Paul Design, (R) Ron Sutherland/ Duane Paul Design Team
Seite 62: Ron Sutherland
Seite 63: Brigitte Thomas
Seite 64: Ron Sutherland/ Duane Paul Design Team
Seite 65: Lynne Brotchie
Seite 66: (L) Steven Wooster (R) Ron Sutherland
Seite 67: John Glover
Seite 68: (L) Steven Wooster/ Di Firth Design, (R) Linda Burgess
Seite 69: John Miller
Seite 70: Steve Wooster/ Anthony Paul Design
Seite 71: (L) Ron Sutherland/ Anthony Paul Design (R) Ron Sutherland/ Paul Fleming Design
Seite 72: John Glover
Seite 73: Steven Wooster/ Anthony Paul Design
Seite 74: Steven Wooster/ Anthony Noel Design
Seite 75: John Glover
Seite 76: Ron Sutherland/ Michele Oshorne Design
Seite 77: Gil Hanly
Seite 79: Brigitte Thomas
Seite 81: J.S. Sira/ Pershore College/ Chelsea Flower Show 1993
Seite 82: John Glover
Seite 83: Ron Sutherland/ Michele Osborne Design
Seite 84: Marijke Heuff/ Marijke Heuff
Seite 85: John Glover
Seite 86: Vaughan Fleming
Seite 87: Steven Wooster
Seite 88: Steven Wooster/ Anthony Paul Design
Seite 89: Ron Sutherland/ Duane Paul Design Team
Seite 90: Ron Sutherland/ Duane Paul Design Team
Seite 91: Ron Sutherland
Seite 92: Jerry Pavia
Seite 93: Geoff Dann/ John Brookes Design
Seite 95: Steven Wooster/ Julie Toll/ Chelsea Flower Show
Seite 96: Steven Wooster/ Anthony Noel Design
Seite 97: Ron Sutherland
Seite 98: Mayer/Le Scanff
Seite 99: David Askham
Seite 100: Brian Carter
Seite 101: Steven Wooster/ Anthony Noel Design
Seite 102: Lamontaigne
Seite 103: (L) John Glover, (R) Clive Nochols/ Daniel Pearson Design/ Chelsea Flower Show 1992
Seite 104: Ron Sutherland/ Lucy Huntingdon/ Chelsea Flower Show 1994
Seite 105: (L) Linda Burgess, (R) John Glover
Seite 106: Ron Sutherland
Seite 107: Ron Sutherland/ Chelsea Flower Show 1994
Seite 108: Brigitte Thomas
Seite 109: Bob Challinor
Seite 110: J.S. Sira
Seite 111: Howard Rice
Seite 115: Marijke Heuff
Seite 119: Steven Wooster
Seite 122: Zara McCalmont
Seite 125: Zara McCalmont